Kyndra D. Holley

KETOGEN KOCHEN
in maximal 30 Minuten

Über 50 schnelle und günstige Rezepte

Tragen Sie sich jetzt unter **www.keto-fans.de** für unseren Newsletter ein und erhalten Sie zu neuen Veröffentlichungen Leseproben und kostenlose Rezepte!

Übersetzt aus dem Englischen von Lea Bodora

riva

Dieses Buch widme ich meinen Lesern.
Ohne jeden Einzelnen von Ihnen wäre all das nicht möglich gewesen.
Ihre Liebe und Unterstützung bedeuten mir mehr, als Sie denken.
Danke, dass Sie mir Ihr Vertrauen schenken und an mich glauben.
Gemeinsam schaffen wir es!

Bibliografische Information der Deutschen Nationalbibliothek
Die Deutsche Nationalbibliothek verzeichnet diese Publikation in der Deutschen Nationalbibliografie.
Detaillierte bibliografische Daten sind im Internet über http://d-nb.de abrufbar.

Für Fragen und Anregungen
info@rivaverlag.de

1. Auflage 2019

Nymphenburger Straße 86
D-80636 München
Tel.: 089 651285-0
Fax: 089 652096

Übersetzung: Lea Bodora
Redaktion: Silke Panten
Umschlaggestaltung: Laura Osswald
Umschlagabbildung: Hayley Mason, Bill Staley
Layout: Charisse Reyes
Satz: Satzwerk Huber, Germering, Melanie Kitt
Druck: Firmengruppe APPL, aprinta Druck, Wemding
Printed in Germany

ISBN Print 978-3-7423-0939-6
ISBN E-Book (PDF) 978-3-7453-0564-7
ISBN E-Book (EPUB, Mobi) 978-3-7453-0565-4

Weitere Informationen zum Verlag finden Sie unter
www.rivaverlag.de
Beachten Sie auch unsere weiteren Verlage unter www.m-vg.de

Inhalt

Brief an den Leser • 5

Teil 1 DIE GRUNDLAGEN • 6

Verwendete Produkte • 8

Tipps und Tricks zum Zeitsparen in der Küche • 11

Organisation ist alles • 11

Vorkochen und Vorausplanung • 13

Zeitsparende Küchengeräte und Hilfsmittel • 15

Resteverwertung • 18

Wochen-Mahlzeitenpläne mit Einkaufsliste • 20

Plan Woche 1 • 20

Plan Woche 2 • 24

Teil 2 REZEPTE • 28

Vorspeisen und Zwischenmahlzeiten • 30

Salate • 44

Frühstück • 58

Mittag- und Abendessen • 74

Beilagen • 106

Süße Köstlichkeiten • 122

Basics: Würzmischungen, Dressings und Soßen • 136

Allergenübersicht • 147

Rezepteindex • 148

Stichwortverzeichnis • 152

Liebe Freunde,

ich freue mich unglaublich, dass Sie dieses Buch in den Händen halten. *Ketogen kochen in maximal 30 Minuten* zeigt Ihnen, wie Sie mit echten Nahrungsmitteln in nur 30 Minuten reiner Kochzeit oder auch schneller köstliche kohlenhydratarme Rezepte zaubern und anschließend genießen können.

Ich gehöre zu den Menschen, die gern Lösungen für häufige, alltägliche Probleme finden. Zu wenig Zeit zu haben, gehört zu den häufigsten Schwierigkeiten, von denen mir andere Menschen berichten, die sich an einer kohlenhydratarmen, ketogenen Lebensweise versuchen. Zu wenig Zeit für die Vorbereitung, zu wenig Zeit zum Kochen, zu wenig Zeit für die Familie, zu wenig Zeit für soziale Kontakte und so weiter. Unsere Gesellschaft als Ganzes wird immer gehetzter und wir scheinen ständig der Zeit hinterher zu laufen, die in einem Höllentempo vergeht. Ich kann Ihre Tage zwar nicht um ein paar Stunden verlängern, aber ich kann Ihnen dabei helfen, weniger Zeit in der Küche zu verbringen, die Sie dann für andere Aktivitäten übrig haben.

Sie bekommen von mir nicht nur über 50 einfache und schnelle Rezepte, sondern erfahren von mir auch, wie Sie mit den richtigen Küchengeräten und Hilfsmitteln viel Zeit sparen können, wie die Vorbereitung und das Vorkochen leichter gehen und auch, wie Sie Reste auf kreative Art und Weise verwerten können.

Kochen muss keine abschreckende Tätigkeit sein – es kann tatsächlich Spaß machen, wenn Sie erst ein System gefunden haben, das funktioniert. Viele unserer schönsten Erinnerungen sind mit dem Essen verbunden, und mit ihnen viele starke Emotionen. Vielleicht ist es bei Ihnen der Gedanke an Omas selbst gebackenen Apfelkuchen oder die köstlichen Gerüche eines gemeinsamen Essens mit Menschen, die Ihnen am Herzen liegen. Sollte Ihr Küchenproblem die Zeit sein, dann hoffe ich, dass Sie durch dieses Buch wieder Freude am Kochen finden und gleichzeitig noch freie Zeit dazugewinnen.

Peace and love,

»Kochen ist eine der mächtigsten Zeremonien für das Leben. Wenn Rezepte gekocht werden, ist die Küche ein Chemielabor, in dem Luft, Feuer, Wasser und Erde zusammenwirken. Das gibt den Menschen Werte und steigert ihre spirituellen Eigenschaften. Wer eine Packung aus dem Gefrierschrank nimmt und in die Mikrowelle steckt, geht eine Verbindung mit der Fabrik ein.«

Laura Esquivel

Teil 1

DIE GRUNDLAGEN

Verwendete Produkte

In diesem Abschnitt stelle ich ein paar der Zutaten vor, die Sie in diesem Buch häufiger finden werden. Meine Mission ist, nur einfach erhältliche, naturbelassene Zutaten zu verwenden. In *Ketogen kochen in maximal 30 Minuten* werden Sie nichts finden, das Sie nicht im gut sortierten Supermarkt bei sich um die Ecke oder ganz leicht online kaufen können. Auf einige meiner bewährten Lieblingsmarken weise ich besonders hin, da aufgrund der wachsenden Beliebtheit der ketogenen Ernährung ständig neue Produkte und Marken auf den Markt kommen. Sich dann entscheiden zu müssen, welches Produkt am besten ist und den besten Nährwert bietet, kann daher zu großer Verwirrung und lähmender Ratlosigkeit führen. Ich hoffe, dieser Abschnitt erleichtert Ihnen die Entscheidungsfindung, damit Sie sich auf das Wichtigste konzentrieren können. Mein Motto lautet nämlich: In der Ruhe liegt die Keto-Kraft!

MANDELMEHL – Ich verwende das fein gemahlene Mehl blanchierter Mandeln. Zu meinen Lieblingsmarken gehören Bob's Red Mill und Bauckhof.

APFELESSIG – Bei der Auswahl sollten Sie darauf achten, einen nicht erhitzten, ungefilterten Essig zu kaufen, in dem probiotische Milchsäurekulturen (die sogenannte Mutter) enthalten sind. Empfehlenswert ist beispielsweise der Apfelessig von Bragg und von Alnatura.

AVOCADOÖL – Zum Kochen ist Avocadoöl einfach mein Lieblingsöl und ich verwende es für fast alle Zwecke. Es hat für mich denselben Stellenwert wie Butter. Der Rauchpunkt von raffiniertem Avocadoöl liegt bei über 260 °C, wodurch es sich ausgezeichnet zum Garen bei hoher Temperatur und zum Frittieren eignet. Aufgrund seines sehr zarten und neutralen Geschmacks lassen sich auch Salatsoßen und selbst gemachte Mayonnaise gut damit zubereiten.

FRÜHSTÜCKSSPECK – Frühstücksspeck ist nicht gleich Frühstücksspeck. In vielen Sorten ist tatsächlich Zucker in der einen oder anderen Form enthalten und sorgt beim Lesen des Etiketts für manch unangenehme Überraschung. Achten Sie beim Kauf deshalb darauf, dass der Frühstücksspeck zuckerfrei ist.

BRÜHE UND FOND – Brühe und Fond selbst zu kochen, ist viel einfacher, als es klingt. Außerdem ist es günstig und sorgt dafür, dass auch beim Kochen Ressourcen geschont werden. Ich bin sehr dafür, Müll in allen Bereichen weitestgehend zu vermeiden. Der Zusatznutzen ist, dass selbst gemachte Brühe neben vielen Mineralstoffen, die für ein gesundes Immunsystem hilfreich sind, auch Bestandteile wie Kollagen, Glutamin, Glycin und Prolin enthält, die die Darmheilung unterstützen. Nichtsdestotrotz ist es völlig in Ordnung, fertige Brühe oder Fond zu kaufen. Dabei sollten Sie aber die Etiketten lesen und ein Bioprodukt wählen, das keinen zusätzlichen Zucker enthält. Außer

Wasser, Hühnchen oder Rind, Gemüse, Gewürzen, Salz und Essig sollten keine anderen Zutaten enthalten sein.

BUTTER – Ich verwende für fast alles Weidebutter. Beim Kochen nehme ich sie am liebsten, um Gerichten eine Extraportion gesundes Fett hinzuzufügen und einen tollen Geschmack zu verleihen. Sofern nicht anders angegeben, verwende ich bei den Rezepten in diesem Buch ungesalzene Butter.

COCONUT AMINOS – Für das Rezept für die scharfe Kohl-Wurst-Pfanne in diesem Buch wird die Würzsoße Coconut Aminos oder glutenfreie Sojasoße benötigt. Ich selbst verwende in so gut wie allen Rezepten statt Sojasoße lieber Coconut Aminos. Zu meinen Lieblingsmarken gehört hier Coconut Secret. Bei der Verwendung von Sojasoße sollten Sie darauf achten, eine glutenfreie Soße zu verwenden, beispielsweise Tamari.

KOKOSMEHL – In meinen Rezepten verwende ich fein gemahlenes Kokosmehl, wie das von Alnatura.

ERYTHRIT (ALS GRANULAT, ALS PULVER UND ROHRZUCKERERSATZ) – Für die süßen Rezepte in diesem Buch sowie auch ein paar der deftigen Rezepte benötigen Sie Erythrit als Granulat, als Pulver oder als Rohrzuckerersatz mit Erythrit. Die von mir am häufigsten verwendete und eine sehr empfehlenswerte Marke ist Swerve, die in Deutschland derzeit jedoch nur online erhältlich ist. Als Alternative können auch die Produkte von Xucker eingesetzt werden.

FLEISCH – Soweit möglich kaufe ich Fleisch in Bioqualität von Tieren aus Weidehaltung oder Grasfütterung bei Bauern aus der Region. Ich finde es wichtig, zu wissen, wo mein Fleisch herkommt, und die Fleischproduzenten zu unterstützen, bei deren Mission, Vision und Werten der ethische Umgang mit den Tieren ganz weit oben steht. Außerdem verbessert sich durch das Kaufen regionaler Produkte meine persönliche CO_2-Bilanz.

EIER AUS WEIDEHALTUNG – Mir ist es sehr wichtig, Eier aus Weidehaltung bei den Bauern aus der Region zu kaufen. So unterstütze ich nicht nur die regionale Wirtschaft, sondern erhalte auch gesündere Eier frisch vom Bauernhof. Das Eigelb von Eiern aus Weidehaltung ist wunderbar cremig und dunkelorange und enthält viel mehr Omega-3-Fettsäuren und Vitamin E als die Eier aus Bodenhaltung, die im Supermarkt erhältlich sind. Der Unterschied bei Farbe und Geschmack ist beachtlich. Wenn Sie einmal ein Ei frisch vom Bauernhof gegessen haben, wollen Sie nie wieder andere Eier essen. Ich persönlich lehne es auch strikt ab, die Haltung in den Legefabriken zu unterstützen. Glückliche Hühner legen glückliche Eier, und ich liebe glückliche Tiere.

GEWÜRZE UND WÜRZMITTEL – Bei Gewürzen und Würzmitteln ist Simply Organic meine Lieblingsmarke, die ich normalerweise bei Amazon bestelle, da sie dort am günstigsten ist. Aber ich kaufe auch Bio-Gewürze in Großpackungen im Supermarkt um die Ecke.

ZUCKERFREIE SCHOKOTROPFEN – Für einige der Rezepte in diesem Buch sind zuckerfreie Schokotropfen erforderlich. Mein Lieblingsprodukt sind die Chocolate Chips von Lily's, die mit Stevia gesüßt sind und keine merkwürdigen und überflüssigen Zutaten enthalten. Alternativ können Sie auch die Schokotropfen von Xylipur oder Xucker verwenden.

Tipps und Tricks zum Zeitsparen in der Küche

ORGANISATION IST ALLES

AKTUELLE VORRATSLISTE FÜHREN. Hängen Sie die Liste an den Kühlschrank oder an die Innenseite eines Küchenschranks oder führen Sie sie mit der Notiz-App auf Ihrem Smartphone. Wenn Sie eine aktuelle Vorrats- und Einkaufsliste führen, auf der Sie das notieren, was an Vorräten bald zur Neige geht, wissen Sie immer genau, was Sie einkaufen müssen. So müssen Sie vor dem Einkauf nicht den Kühlschrank oder die Vorratskammer durchwühlen oder vor dem Kochen noch schnell zum Supermarkt gehen, um nur eine oder zwei Zutaten zu besorgen.

SICH AN DEN EINKAUFSZETTEL HALTEN. Im Supermarkt angekommen, lassen wir uns leicht zu Einkäufen verführen, die nicht auf dem Einkaufszettel stehen – besonders dann, wenn wir mit leerem Magen einkaufen und der kleine Hunger kommt. Nehmen Sie vor dem Aufbruch zum Supermarkt Ihre aktuelle Vorratsliste und Ihren Mahlzeitenplan für die Woche und stellen Sie eine Liste genau der Dinge zusammen, die Sie benötigen. Weichen Sie nicht von der Liste ab. So sparen Sie nicht nur Geld, weil Sie nur das kaufen, was Sie brauchen, sondern können die Einkäufe zu Hause auch gut verstauen.

EINKÄUFE LIEFERN LASSEN. Viele Supermärkte bieten eine kostenlose Lieferung oder liefern gegen einen geringen Aufpreis. Ich war zunächst skeptisch, bis ich es einmal ausprobiert habe. Meine Bestellung war jedes Mal vollständig, die Preise waren dieselben wie im Laden und der Lieferant brachte mir die Tüten sogar ins Haus. Die Einkaufslieferung spart enorm Zeit und ich bekomme sogar Bonuspunkte gutgeschrieben, wie beim Einkauf im Laden selbst.

AN DER FLEISCH-/FISCHTHEKE UM SERVICELEISTUNGEN BITTEN. Bitten Sie die Mitarbeiter darum, das Fleisch in kleinere Portionen aufzuteilen oder zu parieren. Sie können auch darum bitten, bei Garnelen den Darm zu entfernen oder sie auszulösen, Fisch zu filetieren und zu portionieren und so weiter. Wenn Sie diese Aufgaben delegieren, können Sie die Vorbereitungs- und Garzeit Ihrer Gerichte enorm verkürzen.

KÜCHENSCHRÄNKE, KÜHLSCHRANK UND VORRATSSCHRANK SYSTEMATISCH ORGANISIEREN. Durch systematische Organisation in der Küche sorgen Sie dafür, dass kein Essen verschwendet wird, keine unnötigen Dinge gekauft werden und Sie bei den Vorbereitungen zum Kochen nicht in Stress geraten. Verschaffen Sie sich vor dem Einkaufen einen Überblick über den Inhalt Ihres Kühlschranks und entsorgen Sie alte oder abgelaufene Lebensmittel. Genauso machen Sie es auch mit Ihrem Vorratsschrank. Wir alle haben diese oder jene Lebensmittel in Dosen in unserem Vorratsschrank, die dort schon länger stehen, als wir eigentlich glauben. Fangen Sie an, die Lebensmittel in Ihrem

Vorratsschrank nach dem Rotationsprinzip zu ordnen und die Produkte mit dem kürzesten Mindesthaltbarkeitsdatum nach vorne zu stellen. Schauen Sie Ihre Frischhalteboxen für Lebensmittel durch und entsorgen Sie, was alt oder beschädigt ist oder keinen Deckel mehr hat.

REZEPTE VOLLSTÄNDIG DURCHLESEN. Lesen Sie sich Rezepte von Anfang bis Ende durch, bevor Sie mit dem Kochen beginnen, damit Sie auch wirklich alle benötigten Zutaten und Hilfsmittel parat haben. Es macht keinen Spaß, ein Gericht anzufangen und bei der Hälfte des Rezepts festzustellen, dass man zu wenig einer bestimmten Zutat vorrätig hat oder nicht über die erforderlichen Geräte oder Hilfsmittel verfügt. Achten Sie auch insbesondere auf die Garzeiten, Wartezeiten zum Marinieren, Kühlzeiten und Ruhezeiten, damit Sie wirklich genug Zeit für die Zubereitung des Rezepts haben.

NEBENBEI AUFRÄUMEN. Ich glaube fest daran, dass physische Unordnung geistiger Unordnung entspricht, und bei mir macht das wirklich etwas aus. Steht in der Küche überall schmutziges Geschirr herum und verteilen sich die Zutaten über die ganze Arbeitsfläche, kann ich nicht gutgelaunt und ungestresst in der Küche arbeiten. Ganz davon abgesehen, dass wohl keiner Freude am Kochen hat, wenn die Küche hinterher aussieht, als wäre eine Bombe darin hochgegangen. Auch während des Kochens können Sie viele kleine Dinge tun, um die Arbeitsfläche sauber zu halten und die in der Küche verbrachte Gesamtzeit zu verringern. Mein erster Tipp ist sich anzugewöhnen, eine Abfallschüssel zu verwenden, also eine spezielle auf der Arbeitsfläche bereitgestellte Schüssel, in der Sie alles sammeln, was an hinterher zu entsorgenden Lebensmittelresten, leeren Verpackungen oder Sonstigem anfällt. Wenn Sie fertig sind, leeren Sie die Schüssel und verhindern so, dass sich der Müll überall verteilt. Der zweite Tipp ist, nebenbei den Geschirrspüler einzuräumen. Anstatt alle bei der Zubereitung des Gerichts verwendeten Töpfe, Pfannen, Teller und Utensilien in der Spüle zwischenzulagern, stellen Sie sie direkt nach der Verwendung in den Geschirrspüler. Als dritten Tipp empfehle ich, ein ungiftiges Reinigungsmittel und ein Reinigungstuch griffbereit stehen zu haben und die Arbeitsflächen zwischendurch immer mal wieder abzuwischen, um das zu beseitigen, was danebengegangen ist. Zu guter Letzt sollten Sie Zutaten direkt nach Gebrauch wieder an ihren Aufbewahrungsort legen. Benötigen Sie beispielsweise nur eine Stange Sellerie, nehmen Sie sich nur diese eine Stange und legen den Rest sofort wieder zurück. Dadurch sammeln sich weniger Dinge auf der Arbeitsfläche an und Sie müssen nach dem Essen nicht so viel aufräumen.

DIE RICHTIGEN KÜCHENGERÄTE VERWENDEN. Das klingt zwar logisch, aber ich kann Ihnen gar nicht sagen, wie oft ich Menschen gesehen habe, die bei der Zubereitung von Suppen, Eintöpfen oder Soßen mit einem Schaumlöffel hantieren. Um ein Steak zu schneiden, würden Sie wohl eher nicht zur Gabel greifen, und ebenso sollten Sie Spiegelei auch nicht in einem Kochtopf braten.

SCHONGARER UND SCHNELLKOCHTOPF VERWENDEN. Es spart jede Menge Zeit, wenn Sie Küchengeräte nutzen, die Ihnen die meiste Arbeit abnehmen. Diese Geräte ermöglichen Ihnen quasi zu kochen, ohne danebenstehen zu müssen. Ein weiterer Vorteil von

Schongarern und Schnellkochtöpfen ist ihr großes Fassungsvermögen, wodurch Sie die doppelte oder dreifache Menge eines Rezepts zubereiten können und Vorgekochtes für später übrig haben. Und Sie müssen viel weniger Töpfe und Pfannen abwaschen.

- **ANDERE MITKOCHEN LASSEN.** So können Sie die Vorbereitungszeit verringern und machen die Zubereitung gesunder Mahlzeiten zu einer gemeinsamen Familienaktivität. Mit älteren Kindern können Sie einen Tag in der Woche vereinbaren, an dem sie in der Küche helfen und Sie ihnen beibringen, einfache Gerichte zu kochen, die Spaß machen.

- **EINMAL KOCHEN, ZWEIMAL ESSEN.** Das ist meine Lieblingsmethode. Ich koche einfach mehr, als wir zu einer Mahlzeit essen, damit wir an einem anderen Tag die Reste essen können und immer ein gesundes Essen fertig vorbereitet ist. Besonders praktisch ist das für das Mittagessen oder stressige Abende unter der Woche, an denen ich keine Lust habe, direkt nach dem Nachhausekommen zu kochen.

VORKOCHEN UND VORAUSPLANUNG

1. **GEMÜSE IM ANGEBOT IN GRÖSSEREN MENGEN KAUFEN.** Dann in die am häufigsten verwendete Form schneiden (Würfel, Stücke, Stifte und so weiter) und in Einzelportionen für später einfrieren. Dank dieses Tricks sparen Sie nicht nur viel Zeit, sondern auch Geld, weil Sie im Angebot kaufen.

2. **DIE ZUTATEN VOR DEM KOCHEN VORBEREITEN.** Schneiden Sie die Zutaten vor Beginn des Kochens in Scheiben, Stücke oder Würfel und messen Sie alles ab. So haben Sie alles für jeden Schritt des Rezepts fertig vorbereitet.

3. **HÄUFIG VERWENDETE ZUTATEN WIE BRÜHE, SOSSEN, BRATFETTE ODER KRÄUTER PORTIONIEREN.** Hierfür sind Eiswürfelbereiter perfekt geeignet. Brühe können Sie so in einzelnen Eiswürfeln einfrieren und haben immer etwas griffbereit. Auch frische Kräuter lassen sich in Oliven- oder Avocadoöl in einem Eiswürfelbereiter einfrieren. Frieren Sie beispielsweise Mischungen ein, die Sie häufig für Fleisch verwenden, wie Knoblauch und Rosmarin für Steak oder Hühnchen. Zeit können Sie außerdem sparen, wenn Sie große Portionen an Soßen zubereiten und sie dann in Einzelportionen einfrieren.

4. **FLEISCH IN GROSSEN PORTIONEN FÜR DIE SPÄTERE WEITERVERWENDUNG ZUBEREITEN.** Braten Sie ganze Hähnchen und zerteilen und portionieren Sie das Fleisch anschließend. Das ist beispielsweise perfekt für die Kohlsteaks mit Hähnchen (S. 102). Grillen Sie große Fleischportionen draußen auf dem Grill oder garen Sie sie auf dem Backblech im Backofen, teilen sie anschließend in Einzelportionen und frieren sie für später ein. Bereiten Sie eine große Portion Hackfleisch vor, würzen sie mit der Taco-Würzmischung (S. 138) und frieren Sie sie ein – so lässt sich das Hackfleisch beim nächsten Taco-Abend schnell und einfach aufwärmen. Braten Sie größere Mengen Frühstücksspeck und würfeln ihn für die spätere Verwendung. Er ist perfekt zum Aufpeppen von Rezepten oder als Salattopping geeignet.

5. **KEINE ANGST VOR TIEFKÜHLGEMÜSE.** Frisches Gemüse ist zwar immer am besten, aber auch ein Vorrat an tiefgefrorenem Biogemüse spart oftmals Zeit und Geld.

6. **IMMER EIN DUTZEND EIER HARTKOCHEN.** In meinem Kühlschrank liegen immer hartgekochte Eier. Sie eignen sich perfekt als schnelle Zwischenmahlzeit, für die Zubereitung von Russischen Eiern oder als Ergänzung zu Gerichten.

7. **BENÖTIGTE HILFSMITTEL GRIFFBEREIT HABEN.** Mit geeigneten Frischhalteboxen, Gefriertüten und so weiter wird das Vorkochen viel effizienter.

8. **JEDE WOCHE ZEIT FÜR DAS VORKOCHEN NEHMEN.** Tragen Sie sich den Zeitraum unbedingt in Ihrem Terminkalender ein. Wenn Sie sich am Sonntagmorgen zwei oder drei Stunden Zeit dafür nehmen, sparen Sie unter der Woche erheblich Zeit ein. Denn so haben Sie die Vorbereitungen und das Vorkochen an einem Tag erledigt und können sich unter der Woche entspannen – weil Sie wissen, dass Sie auf einen guten Vorrat an gesundem Essen zurückgreifen können.

9. **GLEICHE ZUTATEN IN MEHREREN REZEPTEN VERWENDEN.** Dadurch sparen Sie beim Kochen sowohl Zeit als auch Geld. Sind in dieser Woche beispielsweise Champignons im Angebot, schneiden Sie alle auf einmal zurecht und planen Sie für die Woche Rezepte, in denen Champignons verwendet werden.

10. **MÖGLICHST MEHRERE ZUTATEN GLEICHZEITIG GAREN.** Das mache ich am liebsten mit kompletten Mahlzeiten von einem Backblech. Ich gebe einfach den Eiweißbestandteil und das Gemüse auf ein Backblech mit Rand und gare alles gemeinsam. Noch einfacher kann man das Abendessen kaum zubereiten!

Zeitsparende Küchengeräte und Hilfsmittel

Es gibt viele Möglichkeiten, wie Sie in der Küche Zeit sparen können, aber auf der Liste ganz oben stehen wahrscheinlich die richtigen Hilfsmittel für die Küchenarbeit. In diesem Abschnitt stelle ich Ihnen ein paar meiner Lieblinge unter den Küchengeräten und Hilfsmitteln vor und verrate Ihnen, wie genau sie Ihnen dabei helfen, Zeit und Aufwand in der Küche zu verringern.

TEIGSCHABER (TEIGKARTE) – Teigkarten werden zwar üblicherweise zum Schneiden von Teig verwendet, eignen sich aber perfekt, um kleingeschnittene und gewürfelte Zutaten aufzunehmen. Die vorbereiteten Zutaten vom Schneidebrett in die Pfanne zu befördern, wird so zum Kinderspiel.

STANDMIXER – Der Standmixer ist wahrscheinlich ein Küchengerät, das unterschätzt und am wenigsten genutzt wird – zumindest trifft das auf den Hochleistungsmixer zu. Ich habe es geschafft, bei mehreren billigen Standmixern den Motor zu schrotten, bevor ich mich überwunden habe, einen Vitamix zu kaufen. Erst da habe ich festgestellt, was ein Standmixer so alles kann: Von der Zubereitung von Suppen und Soßen bis hin zum Rühren von Pfannkuchenteig oder Rührei. Ich verwende ihn auch zum Sahneschlagen und Nüsse mahlen. Für mich zählt ein Hochleistungsmixer zum absolut notwendigen Zubehör.

VIERKANTREIBE – Mit einer Vierkant- oder Standreibe können Sie nicht nur Käse reiben, sondern auch Gemüse raspeln oder hobeln. So eine Reibe gehört vermutlich zu den günstigsten, aber nützlichsten Küchengeräten, die man kaufen kann.

ELEKTRISCHER SCHNELLKOCHTOPF – Elektrische Schnellkochtöpfe, insbesondere der Instant Pot (der auch über weitere Funktionen verfügt), werden immer beliebter – und das aus gutem Grund. Im Gegensatz zu den häufig explodierenden Schnellkochtöpfen aus den 1970er-Jahren, mit denen auf dem Herd gekocht wurde, sind die elektrischen Schnellkochtöpfe viel sicherer und benutzerfreundlicher. Ein Schnellkochtopf ermöglicht Ihnen, ein normalerweise Stunden dauerndes Gericht in wenigen Minuten fertig zu kochen.

EXTRAGROSSE BRATPFANNE – Meine übergroße ofenfeste Bratpfanne ist mit ihren 43 Zentimetern Durchmesser eines meiner Lieblingsküchengeräte. Sie eignet sich perfekt für extragroße Portionen von One Pot Meals, fürs Vorkochen und die Zubereitung doppelter oder dreifacher Rezeptmengen, wenn viele Gäste zum Essen kommen.

KÜCHENMASCHINE – Eine hochwertige Küchenmaschine kann mehrere Küchengeräte ersetzen und ist eine zeitsparende Allzwecklösung. Durch ihre vielen Funktionen kann sie in kleinen Küchen außerdem jede Menge Platz sparen. Große Mengen Lebensmittel lassen sich mit ihr schnell und leicht schneiden, hacken, raspeln und reiben. Da alles in einem Behälter bleibt, wird auch das Saubermachen hinterher einfacher.

PÜRIERSTAB – Ich kann mir nicht erklären, wie ich so viele Jahre ohne einen Pürierstab kochen konnte! Auf der Rangliste der zeitsparendsten Küchengeräte kommt er locker in die Top 5, da man mit ihm alles direkt im Topf oder der Pfanne pürieren kann. Das bedeutet, dass man das heiße Gargut nicht mehr umfüllen muss, und sich dadurch Kleckerei und noch mehr dreckiges Geschirr erspart. Für mich ist der Pürierstab außerdem unabdingbar, um Mayonnaise selbst zu machen. Das Rezept für meine 2-Minuten-Mayo finden Sie in meinem Kochbuch *Craveable Keto* (bislang nur auf Englisch erhältlich) sowie auf meiner Website www.peaceloveandlowcarb.com (ebenfalls nur auf Englisch verfügbar).

HOCHWERTIGE KÜCHENSCHERE – In den meisten Messerblöcken ist auch eine Küchenschere enthalten. Vielleicht steckt auch in Ihrem Messerblock ein Exemplar und wartet nur darauf, von Ihnen benutzt zu werden. Ich selbst verwende meine Küchenschere täglich, beispielsweise um Kräuter, Low-Carb-Teig und Frühstücksspeck zu schneiden und sogar zum Zerteilen und Entbeinen von Geflügel. Schlecht zu öffnende Lebensmittelverpackungen lassen sich mit einer Küchenschere ebenfalls ganz bequem öffnen.

GEMÜSEHOBEL (MANDOLINE) –Mit einem Gemüsehobel oder einer Mandoline gelingt es im Nu, Gemüse in Scheiben zu schneiden. Bei den meisten Geräten sind mehrere Klingenaufsätze enthalten, mit denen sich verschiedene Formen schneiden lassen: Scheiben, dicke Stifte, feine Streifen und so weiter. Passen Sie aber auf, dass Sie sich nicht den Finger abhobeln, denn die Klingen sind messerscharf.

OFENFESTE BRATPFANNEN – Ein Gericht anfangs auf dem Herd zu kochen und es dann direkt in den Backofen stellen zu können, ohne eine weitere Pfanne erhitzen zu müssen und schmutzig zu machen, spart enorm viel Zeit. Meine Lieblingsmaterialien für diesen Zweck sind Gusseisen, emailliertes Gusseisen und Edelstahl. Ich selbst koche gern mit den Bratpfannen der Hersteller Lodge und Calphalon.

FRISCHHALTEBOXEN –Ein Satz an Frischhalteboxen in verschiedenen Größen ist eine Investition in zukünftiges Zeitsparen. In den Frischhalteboxen können Sie in größeren Mengen vorbereitete Zutaten lagern, die Sie häufig verwenden, beispielsweise Zwiebeln, Paprika und Käse, damit Sie sie nicht bei jedem Kochen wieder neu vorbereiten müssen. Außerdem können sie zur Aufbewahrung von Resten genutzt werden.

BACKBLECH (MIT RAND) – Wenn Sie mich nach einem roten Faden in allen meinen Büchern und Rezepten fragen würden, wäre dieser rote Faden wohl das Backblech. Ich mag es unglaublich gern, wenn das Saubermachen schnell geht, weshalb Backbleche ein wichtiger Bestandteil meines Küchenalltags sind. Der Rand des Blechs verhindert, dass etwas heruntertropft, ein Blech ist eine tolle Unterlage für weniger stabiles Kochgeschirr, wie Backformen aus Silikon, und Backbleche werden immer besser, je älter sie werden.

Ein häufig genutztes und gut gepflegtes Backblech ist fast so gut wie eine perfekt eingebrannte gusseiserne Pfanne. Das Beste ist aber, dass Backbleche einfach zu reinigen sind, vor allem wenn sie mit Backpapier oder einer Backmatte aus Silikon ausgelegt wurden, wie ich es bei vielen meiner Rezepte tue.

GUMMISPATEL ODER TEIGSCHABER – Ich liebe Geräte, die mehr als eine Funktion haben. Der Gummispatel ist fast jedes Mal im Einsatz, wenn ich koche – zum Vermischen, Umrühren und Auskratzen gleichzeitig.

BACKFORMEN AUS SILIKON – Ich liebe nicht nur Silikonbackmatten über alles (siehe unten), sondern auch Silikonbackformen insgesamt. Ist es Ihnen nach dem Backen eines Hackbratens in einer Kastenform oder von Muffins in einem Muffinblech schon mal so gegangen, dass Sie länger zum Reinigen der Form als zur Zubereitung des Rezepts gebraucht haben? Willkommen im Club! Mit Silikonbackformen kann Ihnen das nicht passieren, da nichts darin haften bleibt.

BACKMATTEN AUS SILIKON – Diese Dinger sind meine große Liebe. Ihren Erfinder würde ich gern einmal treffen und zum Dank peinlich lange umarmen. Die Zeiten des Garens auf Alufolie sind bei mir schon lange passé. Auf Silikonbackmatten gart das Essen nicht nur gleichmäßig, es ist auch unglaublich einfach, die Matten wieder sauber zu machen. Nichts (und damit meine ich wirklich nichts) bleibt an ihnen haften. Am besten ist aber, dass sie wiederverwendbar sind und Sie kein Geld für etwas ausgeben, das Sie einmal benutzen und dann wegwerfen.

SCHONGARER – Ein Schongarer gart zwar langsam (nämlich schonend), aber das Tolle daran ist, dass er Ihnen die Arbeit abnimmt. Anstatt die ganze Zeit in der Küche verbringen zu müssen, können Sie tun, was Sie gerade möchten, während der Schongarer das Essen zaubert.

KNET- UND RÜHRMASCHINE – Eine Knet- und Rührmaschine gehört zwar nicht zum absoluten Muss unter den Küchengeräten, ist aber recht praktisch. Die Maschine übernimmt das Kneten und Rühren für Sie, während Sie sich anderen Zubereitungsschritten des Rezepts widmen können.

Resteverwertung

Reste zu verwerten, gehört zweifelsohne zu meinen absoluten Favoriten, wenn es darum geht, Zeit in der Küche einzusparen. Dabei sind ein paar ziemlich kreative Gerichte herausgekommen, die zum Lieblingsessen meiner Familie geworden sind. Im Folgenden finden Sie meine besten Tipps und Tricks, damit Reste noch ein zweites Mal den Gaumen erfreuen.

SUPPE – Eines meiner Lieblingsgerichte ist Suppe, auch weil man Gemüsereste toll in Form von Suppe verwerten kann. Ob übrig gebliebener gebratener grüner Spargel mit Pilzen und Speck (S. 114) oder vom gestrigen Abendessen übriges gebratenes oder gebackenes Gemüse – all das kann mit etwas Brühe und einem Eiweißbestandteil in einen Topf gegeben werden und fertig ist das Essen.

KNOCHENBRÜHE – Haben Sie ein ganzes Hähnchen oder eine Pute gebraten und wissen nicht, was Sie mit den Fleischresten machen sollen, die an den Knochen hängen geblieben sind? Geben Sie die Knochen einfach mit etwas Knoblauch, Zwiebel, Sellerie, Möhren, Apfelessig und Gewürzen wie Oregano, Rosmarin, Basilikum und Thymian in den Schongarer oder einen Feuertopf und lassen Sie sie bei geringer Hitze köcheln. Fertig ist eine reichhaltige, nährstoffreiche Brühe.

PFANNENGERÜHRTES – Übrig gebliebenes Fleisch und Gemüse einfach in einen Wok oder eine Bratpfanne mit hohem Rand geben, ein wenig Coconut Aminos, Reisessig und geröstetes Sesamöl dazugeben, und schon wird aus den Resten eine köstliche Gemüsepfanne mit Fleisch.

RESTE-PASTA – Lassen Sie sich von den verschiedenen Mischungen an Aromen überraschen, die Sie aus Resten und in Spiralen geschnittenem Gemüse mit etwas Marinara-Soße oder einer cremigen Knoblauchsoße herausholen können. Machen Sie den Auflauf von gestern einfach zum heutigen Nudelgericht.

SALAT – Die schnellste und einfachste Methode der Resteverwertung ist wahrscheinlich, sie mit einem Salat zu kombinieren. Mit übrig gebliebenem Fleisch und Gemüse wird aus einem Beilagensalat ganz schnell eine komplette Hauptmahlzeit.

FRÜHSTÜCK –Rührei oder Omelett sind eine weitere perfekte Möglichkeit, Reste zu verwerten und aus ihnen ein köstliches Frühstück zu zaubern. Oder Sie servieren das Frühstück einfach zum Abendessen.

WRAPS – Mit einer guten kohlenhydratarmen, glutenfreien Tortilla oder aber mit Salatblättern können Sie die Reste vom Abendessen ganz einfach als Wrap verpacken und zum Mittagessen mitnehmen.

TACO-ABEND – Übrig gebliebenes Steak oder Hähnchen lässt sich leicht in Tacos, Fajitas, Burritos oder als Taco-Salat wiederverwerten. Das Fleisch einfach mit der Taco-Würzmischung (S. 138) würzen und schon ist die halbe Arbeit geschafft.

BRATEN SIE SICH EIN EI DRAUF – In meinen anderen Büchern habe ich ja bereits erwähnt, dass ich ein großer Fan davon bin, Gerichte mit einem Spiegelei abzuwandeln. Manchmal reicht es, zum Abendessen von gestern nur ein Ei dazuzugeben, und schon hat man eine fertige Mahlzeit.

Wochen-Mahlzeitenpläne mit Einkaufsliste

PLAN WOCHE 1	1. TAG	2. TAG	3. TAG	
FRÜHSTÜCK	 70 Schinken-Käse-Waffeln *8 Portionen*	 72 Ofen-Omelett mit Hähnchen *6 Portionen*	 70 Schinken-Käse-Waffeln *Reste*	
MITTAGESSEN	 54 Thunfischsalat mit Gurken und Dill *4 Portionen*	 86 Käsiger Hähnchenauflauf mit Salsa verde *Reste*	 88 Griechische Hackbällchen *Reste*	
ABENDESSEN	 86 Käsiger Hähnchenauflauf mit Salsa verde *8 Portionen*	 88 Griechische Hackbällchen *6 Portionen*	 76 Schweinekoteletts mit Ziegenkäse-Kräuterbutter *4 Portionen*	
SALAT ODER BEILAGE	 110 Blumenkohlreis mit Frühlingszwiebel und Limette *6 Portionen*	 110 Blumenkohlreis mit Frühlingszwiebel und Limette *Reste*	 120 Blumenkohlpüree mit Kräuter-Ziegenfrischkäse *8 Portionen*	
NACHTISCH ODER ZWISCHENMAHLZEIT	 135 Avocado-Schokopudding *4 Portionen*	 124 Chocolate Chip Cookies für zwei	 128 Double Chocolate Brownies ohne Mehl *16 Portionen*	

4. TAG	5. TAG	6. TAG	7. TAG
 64 **Käsiges Pico-Rührei** *1 Portion (so viele Portionen zubereiten, wie gewünscht)*	 66 **Wurstbällchen** *6 Portionen*	 62 **Eier Benedikt mit Kassler und Spinat** *4 Portionen*	 68 **Eiwölkchen mit Sour Cream und Schnittlauch** *4 Portionen*
 92 **Taco-Bowls mit Fisch** *4 Portionen*	 52 **Taco-Salat** *4 Portionen*	 56 **Blumenkohl-Hähnchen-Salat** *8 Portionen*	 80 **Zucchini-Spaghetti mit Hacksoße** *Reste*
 96 **Parmesan-Hähnchen aus der Pfannelöschen** *4 Portionen*	 90 **Rumpsteaks mit cremiger Blauschimmelkäse-Dijon-Soße** *4 Portionen*	 80 **Zucchini-Spaghetti mit Hacksoße** *6 Portionen*	 94 **Kräuter-Hähnchen mit Pilzen** *4 Portionen*
 48 **Salat mit zweierlei Kohl** *8 Portionen*	 114 **Gebratener grüner Spargel mit Pilzen und Speck** *4 Portionen*	 48 **Salat mit zweierlei Kohl** *Reste*	 112 **Zucchini-Gratin mit Käse** *8 Portionen*
 128 **Double Chocolate Brownies ohne Mehl** *Reste*	 38 **Buttrige Knoblauch-Croissants** *12 Portionen*	 130 **Zitronenmousse** *6 Portionen*	 38 **Buttrige Knoblauch-Croissants** *Reste*

EINKAUFSLISTE FÜR DIE 1. WOCHE

MILCHPRODUKTE UND EIER

Blauschimmelkäse, zerkrümelt, 155 g

Butter, 3 Stück à 250 g

Cheddar, würzig, 675 g

Eier, 59 Stück

Emmentaler, in Scheiben, 170 g

Feta, zerkrümelt, 125 g

Frischkäse, 70 g

Konditorsahne, 1450 g

Mascarpone, 115 g

Mozzarella, schnittfest, gerieben, fettreduziert, 855 g

Parmesan, gerieben, 270 g

Sour Cream, 700 g

Weißer Cheddar, würzig, 265 g

Ziegenfrischkäse, 170 g

FLEISCH, GEFLÜGEL UND FISCH

Frühstücksspeck, 2 Packungen

Hähnchenbrust, ohne Knochen, ohne Haut, 2,2 kg

Hähnchenoberkeulen, mit Haut und Knochen, 8 Stück (ca. 900 g insgesamt)

Kabeljau oder Heilbutt aus Wildfang, 675 g

Kassler oder dünn geschnittener Kochschinken, 225 g

Kochschinken, 450 g

Rinderhack, 1,4 kg

Rumpsteaks, 4 Stück (à 225 g)

Salsiccia, am Stück, 450 g

Schweinelendenkoteletts, dick geschnitten, ohne Knochen, 4 Stück (ca. 900 g insgesamt)

GEWÜRZE, WÜRZMITTEL UND SONSTIGE VORRÄTE

Apfelessig, 1 Flasche

Backpulver

Cayennepfeffer

Chiliflocken

Chilipulver

Dijonsenf, 1 Glas

Erdnussbutterpulver, 1 Packung (siehe S. 128)

Erythrit, Granulat, 1 Packung

Erythrit, Pulver, 1 Packung

gefriergetrocknete Zwiebeln

Helles Mandelmehl, 1 Packung

Hühnerbrühe, 600 ml

italienische Kräuter

Kakaopulver, 1 Packung

Knoblauchpulver

Kokosmehl, 1 Packung

Kreuzkümmel, gemahlen

Liquid Smoke (Flüssigrauch), 1 Fläschchen

Mayonnaise, 1 Glas

Muskatnuss, gemahlen

Natron

Olivenöl, 1 Flasche

Oregano, getrocknet

Reines Vanilleextrakt, 1 Flasche

Salbei, getrocknet, geschnitten

Schokotropfen, zartbitter, ohne Zucker, 1 Packung

Selleriesalz

Senf, gemahlen

Senf, mittelscharf, 1 Glas

Weißweinessig, 1 Flasche

Zimtpulver

Zwiebelpulver

OBST, GEMÜSE UND KRÄUTER

Avocados, 6 Stück

Basilikum, 1 Packung/Bund

Babyspinat, 1,8 kg

Blumenkohl, 5 große Köpfe

Champignons, 455 g

Cherrytomaten, 2 Packungen

Dill, 1 Packung/Bund

Eisbergsalat, 1 Kopf

Frühlingszwiebeln, 1 Bund

grüner Spargel, 450 g

Jalapeños, 3 Stück

Knoblauch, 5 Knollen

Koriander, 1 Bund

Limetten, 2 Stück

Minze, 1 Packung/Bund

Paprika, gelb, 1 Stück

Paprika, rot, 1 Stück

Petersilie, glatt, 1 Bund

Rosenkohl, 450 g

Rosmarin, 1 Packung

rote Zwiebel, 1 Stück

Rotkohl, 1 Kopf

Schnittlauch, 2 Bund

Schwarzkohl (Palmkohl), 1 Bund

Snack-Gurke, kernlos, 2 Stück

Stangensellerie, 1 Staude

Thymian, 1 Packung/Bund

Tomaten, 3 Stück

Zitronen, 3 Stück

Zucchini, 4 große und 4 mittelgroße

Zwiebeln, klein, 10 Stück

AUS DEM GLAS UND AUS DER DOSE

Dillgurken, 1 Glas

Gurken-Relish, 1 Glas

Kokosmilch, 1 Dose

Mandelmus, 1 Glas

Marinara-Soße, 1 Glas

Salsa verde, 1 Glas (oder die Zutaten für die selbst gemachte Salsa, siehe S. 139)

schwarze Oliven, 1 Glas

Thunfisch, aus nachhaltiger Fischerei, 2 Dosen (à 140 g)

Tomatensoße, 1 Glas

PLAN WOCHE 2	1. TAG	2. TAG	3. TAG	
FRÜHSTÜCK	 64 Käsiges Pico-Rührei *1 Portion (so viele Portionen wie benötigt zubereiten)*	 72 Ofen-Omelett mit Hähnchen *6 Portionen*	 60 Glückskekswaffeln *8 Portionen*	
MITTAGESSEN	 92 Taco-Bowls mit Fisch *4 Portionen*	 54 Thunfischsalat mit Gurken und Dill *4 Portionen*	 82 Gemüsepfanne mit Geflügelwurst *Reste*	
ABENDESSEN	 102 Kohlsteaks mit Hähnchen *6 Portionen*	 82 Gemüsepfanne mit Geflügelwurst *6 Portionen*	 104 Zucchini-Spaghetti mit cremiger Pestosoße *4 Portionen*	
SALAT ODER BEILAGE	 114 Gebratener grüner Spargel mit Pilzen und Speck *4 Portionen*	 118 Gebratene grüne Bohnen mit Schinken *6 Portionen*	 48 Salat mit zweierlei Kohl *8 Portionen*	
NACHTISCH ODER ZWISCHENMAHLZEIT	 132 Weiches Sesam-Shortbread *12 Portionen*	 42 Cheddar Jalapeño Bacon Biscuits *8 Portionen*	 132 Weiches Sesam-Shortbread *Reste*	

4. TAG	5. TAG	6. TAG	7. TAG
 **Eier Benedikt mit Kassler und Spinat** *4 Portionen*	 **Glückskekswaffeln** *Reste*	 **Wurstbällchen** *6 Portionen*	 **Eiwölkchen mit Sour Cream und Schnittlauch** *4 Portionen*
 **Taco-Salat** *4 Portionen*	 **Erdbeer-Spinat-Salat** *4 Portionen*	 **Scharfe Kohl-Wurst-Pfanne** *Reste*	 **Käsiger Hähnchenauflauf mit Salsa verde** *Reste*
 **Scharfe Kohl-Wurst-Pfanne** *6 Portionen*	 **Garnelen-Piccata** *4 Portionen*	 **Käsiger Hähnchenauflauf mit Salsa verde** *8 Portionen*	 **Hacksteak** *4 Portionen*
 **Salat mit zweierlei Kohl** *Reste*	 **Gebratener Rosenkohl mit cremigem Dijon-Dressing** *8 Portionen*	 **Blumenkohlreis mit Frühlingszwiebel und Limette** *6 Portionen*	 **Blumenkohl-Hähnchen-Salat** *8 Portionen*
 **Cheddar Jalapeño Bacon Biscuits** *Reste*	 **Russische Eier mit Dillgurken** *6 Portionen*	 **Buffalo Chicken Dip** *8 Portionen*	 **Chocolate Chip Cookies für zwei**

EINKAUFSLISTE FÜR DIE 2. WOCHE

MILCHPRODUKTE UND EIER

Blauschimmelkäse, zerkrümelt, 265 g

Butter, 2 Stück à 250 g

Cheddar, würzig, 750 g

Eier, 39 Stück

Emmentaler, in Scheiben, 170 g

Feta, zerkrümelt, 125 g

Frischkäse, 455 g

Konditorsahne, 300 g

Mozzarella, schnittfest, gerieben, fettreduziert, 330 g

Parmesan, gerieben, 150 g

Sour Cream, 575 g

FLEISCH, GEFLÜGEL UND FISCH

Brathähnchen, 1 Stück à 675 g

Frühstücksspeck, 4 Packungen

Garnelen, 450 g

Geflügelwürstchen, 5 Stück

Hähnchenbrust, ohne Knochen, ohne Haut, 2,3 kg

Kabeljau oder Heilbutt aus Wildfang, 675 g

Kassler, 225 g

Kochschinken, 450 g

Rinderhack, 1,2 kg

Salsiccia, am Stück, 450 g

scharfe Salsiccia, am Stück, 450 g

GEWÜRZE, WÜRZMITTEL UND SONSTIGE VORRÄTE

Apfelessig, 1 Flasche

Backpulver

Buffalo Wing Sauce, 1 Flasche

Cayennepfeffer

Chiliflocken

Chilipulver

Chilisoße, 1 Flasche

Coconut Aminos, 1 Flasche

Dijonsenf, 1 Glas

Erythrit, Granulat, 1 Packung

Erythrit, Pulver, 1 Packung

gefriergetrocknete Zwiebeln

helles Mandelmehl, 1 Packung

Hühnerbrühe, 320 ml

italienische Kräuter

Ketchup, zuckerreduziert, 1 Flasche

Knoblauchpulver

Kokosmehl, 1 Packung

Kreuzkümmel, gemahlen

Liquid Smoke (Flüssigrauch), 1 Fläschchen

Mayonnaise, 1 Glas

Olivenöl, 1 Flasche

Pekannüsse, halbiert, geröstet und gesalzen, 60 g

reines Vanilleextrakt, 1 Flasche

Reisessig, ungewürzt, 1 Flasche

Rinderbrühe, Pulver oder Würfel, 1 Packung

Rinderfond, 500 ml

Schokotropfen, zartbitter, ohne Zucker, 1 Packung

Selleriesalz

Senf, gemahlen

Senf, mittelscharf, 1 Glas

Sesamöl, geröstet, 1 Flasche

Sesamsaat, geröstet, 1 Glas

Walnüsse, geröstet, 40 g

Weißweinessig, 1 Flasche

Worcestershire-Soße, 1 Flasche

Zwiebelpulver

OBST, GEMÜSE UND KRÄUTER

Avocados, 4 Stück

Babyspinat, 2,7 kg

Basilikum, 1 Packung/Bund

Blumenkohl, 3 große Köpfe

braune Champignons, 675 g

Cherrytomaten, 2 Packungen

Chinakohl, 1 Kopf

Dill, 1 Packung/Bund

Eisbergsalat, 1 Kopf

Erdbeeren, 150 g

Frühlingszwiebeln, 1 Bund

gelbe Zucchini, 1 kleine

grüne Bohnen, 450 g

grüner Spargel, 450 g

Ingwer, 1 Wurzel

Jalapeños, 3 Stück

Knoblauch, 4 Knollen

Koriander, 1 Bund

Limetten, 4 Stück

Paprika, gelb, 2 Stück

Paprika, grün, 1 kleine

Paprika, rot, klein, 3 Stück

Petersilie, glatt, 1 Bund

Rosenkohl, 1,2 kg

rote Zwiebel, 2 Stück, klein

Rotkohl, 1 Kopf

Rucola, 1 Bund

Schnittlauch, 2 Bund

Schwarzkohl (Palmkohl), 1 Bund

Snack-Gurke, kernlos, 1 Stück

Stangensellerie, 1 Staude

Strauchtomaten, 2 Stück

Weißkohl, 1 großer Kopf

Zitronen, 4 Stück

Zucchini, 2 große und 1 kleine

Zwiebeln, 4 Stück, klein

AUS DEM GLAS UND AUS DER DOSE

Dillgurken, 1 Glas

eingelegte Jalapeños, 1 Glas

getrocknete Tomaten, 1 Glas

günes Pesto, 1 Glas

Gurken-Relish, 1 Glas

Kapern, 1 Glas

Salsa verde, 1 Glas (oder die Zutaten für die selbstgemachte Salsa, siehe S. 139)

schwarze Oliven, 1 Glas

Tahin, 1 Glas

Thunfisch, aus nachhaltiger Fischerei, 2 Dosen (à 140 g)

Tomatensoße, 1 Glas

»Kochen ist wie malen oder komponieren – es gibt nur eine bestimmte Anzahl an Farben und Noten. Entscheidend ist, wie du sie miteinander verbindest.«

Wolfgang Puck

Bei jedem Rezept finden Sie Nährwertangaben: Kcal steht für Kilokalorien, F für Fett, E für Eiweiß, KH gesamt für die gesamten Kohlenhydrate, BS für Ballaststoffe, KH netto für Nettokohlenhydrate

Teil 2
REZEPTE

VORSPEISEN
UND
Zwischenmahlzeiten

Buffalo Chicken Dip / 32

Mediterraner Flammkuchen / 34

Russische Eier mit Dillgurken/ 36

Buttrige Knoblauch-Croissants / 38

Ranch-Dip mit Tahin / 40

Pico de Gallo / 41

Cheddar Jalapeño Bacon
Biscuits / 42

KH NETTO:
2,2 g

Buffalo Chicken Dip

OHNE EI · OHNE NÜSSE

Ergibt 8 Portionen · Zubereitungszeit: 10 Minuten · Garzeit: 30 Minuten

Dieser Dip gehört zu den essbaren Dingen, die ich am liebsten zu Abendessen, zu denen jeder etwas beisteuert, oder zur Fußballparty mitbringe. Meine Dipschüssel ist immer die erste, die leergegessen ist. Zum Dip serviere ich gern Gurkenscheiben und Selleriesticks, aber auch in Streifen geschnittene rote Paprika und Schweineschwarten schmecken dazu prima.

Zutaten

450 g Hähnchenbrust oder Hähnchenoberkeule, ohne Knochen, ohne Haut, gegart und in Stücke geschnitten (siehe Tipp)

225 g Frischkäse, vollfett, zimmerwarm

115 g Blauschimmelkäse, zerkrümelt, in 2 Portionen

75 g Mozzarella, gerieben

180 ml Buffalo Wing Sauce

55 g Sour Cream, vollfett

2 Knoblauchzehen, fein gehackt

1 große Stange Sellerie, gewürfelt, in 2 Portionen

2 EL frischer Schnittlauch, in kleine Ringe geschnitten, zum Garnieren

Zubereitung

1. Den Backofen auf 190 °C vorheizen.
2. Hähnchenfleisch, Frischkäse, die Hälfte des zerkrümelten Blauschimmelkäses, Mozzarella, Buffalo Wing Sauce, Sour Cream, Knoblauch und die Hälfte des Sellerie in eine große Schüssel geben. Gut verrühren.
3. Die Mischung in eine 20 cm große eckige ofenfeste Form geben. Etwa 30 Minuten backen oder bis der Dip vollständig erhitzt ist und die Oberfläche beginnt, Blasen zu werfen.
4. In der Form servieren oder in eine Schüssel geben. Mit dem restlichen Blauschimmelkäse, Sellerie und Schnittlauch garnieren. Reste sind im Kühlschrank maximal eine Woche haltbar.

Zeitspartipp

Bereiten Sie das Rezept mit einem fertigen Brathähnchen zu, informieren Sie sich beim Kauf aber, ob Zucker auf der Zutatenliste steht.

KCAL: 230 | F: 16 g | E: 18 g | KH GESAMT: 2,4 g | BS: 0,2 g | KH NETTO: 2,2 g

KH NETTO:
3,8 g

Mediterraner Flammkuchen

Ergibt 8 Portionen · Zubereitungszeit: 10 Minuten · Garzeit: 24 Minuten

Der Gedanke an diesen Flammkuchen reicht, dass mir das Wasser im Munde zusammenläuft. Vor einigen Jahren, als ich noch viele Kohlenhydrate und Gluten zu mir nahm, aß ich in einem Restaurant bei mir um die Ecke gern einen mediterranen Flammkuchen. Ich bestellte ihn mir bei jedem Besuch in diesem Restaurant. Als ich dann mit meiner streng kohlenhydratarmen und glutenfreien Ernährungsweise begann, war mir klar, dass ich diesen Flammkuchen unbedingt an meine neue Essensweise anpassen musste – und das tat ich auch! Am liebsten serviere ich ihn mit dem Avocado-Ranch-Dressing (S. 142).

Zutaten

- 90 g helles Mandelmehl
- 1 TL Knoblauchpulver
- 1 TL Zwiebelpulver
- 1 TL italienische Kräuter
- ½ TL Meersalz
- ¼ TL gemahlener schwarzer Pfeffer
- 225 g geriebener Mozzarella, fettreduziert
- 45 g Frischkäse, vollfett, zimmerwarm
- 1 großes Ei
- 2 EL Pesto
- 55 g Kalamata-Oliven, entkernt und halbiert
- 55 g Tomaten, gewürfelt
- rote Zwiebel, ein paar dünne Scheiben
- 50 g Ziegenfrischkäse, zerkrümelt
- 5 frische Basilikumblätter, in dünnen Streifen, zum Garnieren

Zubereitung

1. Den Backofen auf 220 °C vorheizen. Ein Backblech mit Backpapier oder einer Backmatte aus Silikon auslegen.
2. Mandelmehl, Knoblauchpulver, Zwiebelpulver, italienische Kräuter, Salz und Pfeffer in eine mittelgroße Schüssel geben und gut verrühren.
3. Mozzarella und Frischkäse in eine große mikrowellenfeste Schüssel geben und 1 Minute in der Mikrowelle erhitzen. Umrühren und eine weitere Minute erhitzen.
4. Die trockenen Zutaten und das Ei zum geschmolzenen Käse geben und sofort mit den Händen gut verkneten. Wenn der Teig zu zäh wird und kaum zu verarbeiten ist, die Schüssel wieder in die Mikrowelle stellen und in 30-Sekunden-Schritten erhitzen, bis er weich genug wird.
5. Den Teig in einer dünnen Lage auf dem vorbereiteten Backblech verteilen, bis das gesamte Backblech mit Teig bedeckt ist.
6. 10–12 Minuten im Backofen backen, bis der Rand goldbraun ist. Ab und zu nach dem Flammkuchen sehen, da sich keine Blasen bilden sollen. Etwaige Teigblasen mit einem Zahnstocher aufpieksen.
7. Das Backblech aus dem Backofen nehmen und das Pesto gleichmäßig auf dem Teig verteilen, dann Oliven, Tomaten, Zwiebelscheiben und Ziegenfrischkäse darübergeben. Weitere 10 Minuten im Backofen backen.
8. Vor dem Servieren mit frischem Basilikum garnieren. Reste sind im Kühlschrank maximal eine Woche haltbar. Bei 120 °C im Backofen aufwärmen.

KCAL: 201 | F: 16g | E: 11g | KH GESAMT: 5,2g | BS: 1,4g | KH NETTO: 3,8g

KH NETTO:
0,7 g

Russische Eier mit Dillgurken

OHNE MILCH · OHNE NÜSSE · PALÄO

Ergibt 12 Russische Eier (2 pro Portion)
Zubereitungszeit: 10 Minuten (Kochzeit der Eier nicht eingerechnet)

Ich liebe alles, das mit Dill zubereitet wurde. Sollten Sie regelmäßig auf meiner Website vorbeischauen oder eines meiner anderen Bücher zu Hause haben, wird Sie das nicht überraschen. Eine meiner Lieblingsmethoden, um die Arbeitszeit in der Küche zu reduzieren, ist, jederzeit hartgekochte Eier griffbereit zu haben. Auch als schnelle, einfache und gesunde Zwischenmahlzeit sind hartgekochte Eier super, wenn plötzlich der Hunger einsetzt.

Zutaten

6 hartgekochte Eier (siehe Tipps), gepellt

75 g Mayonnaise

45 g fein gehackte Dillgurken, plus mehr zum Garnieren

2 TL frischer gehackter Dill, plus mehr zum Garnieren

1 TL Dijonsenf

1 TL gefriergetrocknete Zwiebeln

Zubereitung

1. Die gepellten Eier der Länge nach halbieren, das Eigelb in eine mittelgroße Schüssel geben und mit einer Gabel zerdrücken. Die Eiweißhälften beiseitestellen.
2. Mayonnaise, Gurken, Dill, Dijonsenf und getrocknete Zwiebeln zum zerdrückten Eigelb geben und gut verrühren.
3. Die Eigelbmischung in einen Spritzbeutel oder einen Gefrierbeutel füllen. Bei Verwendung eines Gefrierbeutels, eine kleine Ecke des Beutels abschneiden. Die Eigelbmischung in die Eiweißhälften geben.
4. Jedes Russische Ei mit Gurken und Dill garnieren. Im Kühlschrank sind die Reste maximal drei Tage haltbar.

Tipps

So bereite ich die perfekten hartgekochten Eier zu: Die Eier in einen großen Stieltopf geben und den Topf mit kaltem Wasser füllen, sodass die Eier vollständig mit Wasser bedeckt sind. Das Wasser bei starker Hitze zum Kochen bringen. Sobald das Wasser sprudelnd kocht, den Topf vom Herd nehmen, den Deckel schließen und die Eier 12 Minuten ziehen lassen. Die Eier vor dem Pellen in einer Schüssel mit kaltem Wasser abschrecken.

Durch die Zubereitung selbstgemachter Mayonnaise sparen Sie nicht nur Geld, sondern tun auch Ihrer Gesundheit etwas Gutes. Schauen Sie sich einfach mal das Rezept für meine 2-Minuten-Mayo auf www.peaceloveandlowcarb.com an (nur auf Englisch verfügbar).

KCAL: 147 | F: 13g | E: 6g | KH GESAMT: 0,7g | BS: 0g | KH NETTO: 0,7g

Buttrige Knoblauch-Croissants

KH NETTO: **3,6 g**

Ergibt: 12 Croissants (1 pro Portion) · Zubereitungszeit: 10 Minuten · Garzeit: 27 Minuten

Mit lockeren, fluffigen, buttrigen Croissants kann man nichts falsch machen. Diese hier sind perfekt zum Frühstück, Mittagessen, Abendessen oder auch pur für zwischendurch.

Zutaten

200 g helles Mandelmehl

1 EL Backpulver

1½ TL Knoblauchpulver, aufgeteilt

1 TL Zwiebelpulver

450 g geriebener Mozzarella, fettreduziert

70 g Frischkäse, vollfett

2 große Eier

30 g gesalzene Butter, geschmolzen

½ TL italienische Kräuter

Zubereitung

1. Den Backofen auf 220 °C vorheizen. Ein Backblech mit Backpapier oder einer Backmatte aus Silikon auslegen.
2. Mandelmehl, Backpulver, 1 TL Knoblauchpulver und Zwiebelpulver in einer mittelgroßen Schüssel vermischen. Ich gebe die Mischung gern durch ein Sieb, um sicherzugehen, dass sich das Backpulver gut mit den restlichen Zutaten vermischt.
3. Mozzarella und Frischkäse in eine große mikrowellenfeste Schüssel geben und 90 Sekunden in der Mikrowelle erhitzen. Die Käsemischung umrühren, dann weitere 60 Sekunden erhitzen. Wieder umrühren, bis alles gut vermischt ist.
4. Mandelmehlmischung und Eier zur Käsemischung geben und mit der Hand durchkneten, bis alle Zutaten gut untergearbeitet sind. Sollte das Kneten schwerfallen, die Schüssel wieder in die Mikrowelle stellen und 20–30 Sekunden erhitzen. Bleibt der Teig an den Händen kleben, die Hände leicht mit Wasser befeuchten und weiter kneten.
5. Den Teigklumpen auf ein Blatt Backpapier legen, mit einem weiteren Blatt Backpapier bedecken und zu einem Fladen mit ca. 35 cm Durchmesser ausrollen. Den Teigfladen mit einem Messer oder Pizzaschneider in 12 gleichgroße Tortenstücke schneiden. Jedes Teigstück der Länge nach aufrollen, dabei am breiteren Ende beginnen und zur Spitze hin aufrollen. Die Rollen mit der aufgerollten Spitze nach unten auf das vorbereitete Backblech legen.
6. Etwa 20 Minuten im Backofen backen oder bis die Croissants goldbraun sind.
7. Während die Croissants backen, die geschmolzene Butter mit den italienischen Kräutern und dem restlichen ½ TL Knoblauchpulver verrühren. Die Croissants aus dem Backofen nehmen, oben mit der Buttermischung einpinseln und weitere 5 Minuten backen. Reste sind im Kühlschrank maximal eine Woche haltbar. Im Backofen bei 120 °C aufwärmen.

KCAL: 245 | F: 19 g | E: 14 g | KH GESAMT: 5,6 g | BS: 2 g | KH NETTO: 3,6 g

KH NETTO:
2g

Ranch-Dip mit Tahin

OHNE MILCH · OHNE EI · OHNE NÜSSE · PALÄO

Ergibt: ca. 360 ml (60 ml pro Portion) · Zubereitungszeit: 10 Minuten

Diesen Dip bringe ich im Sommer gerne zu Partys oder Grillabenden mit und meistens ist er am schnellsten alle. Er schmeckt frisch und leicht, gleichzeitig ist er jedoch unglaublich geschmacksintensiv. Ich serviere ihn gern mit in Streifen geschnittener Paprika, aber auch als Salatdressing ist er hervorragend geeignet. Garniert mit fein gehackter Paprika sieht der Dip besonders gut aus.

Zutaten

225 g frischer Babyspinat
115 g Tahin
80 ml Wasser
3 EL frischer Dill, gehackt
2 EL frischer Schnittlauch, gehackt
2 EL Apfelessig
2 Knoblauchzehen, geschält
¾ TL Meersalz
½ TL Zwiebelpulver
¼ TL gemahlener schwarzer Pfeffer

Zubereitung

Sämtliche Zutaten in einen Mixer oder eine Küchenmaschine geben und mit der Pulse-Funktion mixen, bis alles gut vermischt ist. Reste des Dips sind im Kühlschrank maximal zwei Wochen haltbar.

KCAL: 125 | F: 11g | E: 5g | KH GESAMT: 3g | BS: 1g | KH NETTO: 2g

KH NETTO:
1,5 g

Pico de gallo

OHNE MILCH · OHNE EI · OHNE NÜSSE · PALÄO

Ergibt ca. 240 g (2 EL pro Portion) · Zubereitungszeit: 15 Minuten

Das Spanische Pico de gallo lässt sich wortwörtlich mit »Hahnenschnabel« übersetzen. Es ist zwar nicht ganz klar, woher diese Bezeichnung ursprünglich kommt, aber ich kann Ihnen versichern, dass in diesem Rezept keine Hahnenschnäbel verarbeitet werden. Eine andere Bezeichnung für diese Würzsoße, die ganz einfach aus gewürfelten Tomaten, Zwiebeln, frischem Koriander, Chilis und etwas Limettensaft besteht, ist Salsa fresca. Diesem Rezept habe ich mit etwas frischem Knoblauch meine eigene Note gegeben. In meinem Buch macht Knoblauch alles noch besser.

Zutaten

2 Strauchtomaten, entkernt und fein gewürfelt

1 Jalapeño, entkernt und fein gewürfelt

2 Knoblauchzehen, fein gewürfelt

1 kleine Zwiebel, fein gewürfelt (ca. 60 g)

2 EL frischer Koriander, gehackt

1 EL frischer Limettensaft

¼ TL Meersalz

Zubereitung

Sämtliche Zutaten in eine große Schüssel geben und gut verrühren. Abschmecken und bei Bedarf nachsalzen. Die Würzsoße ist im Kühlschrank maximal eine Woche haltbar. Sie kann für eine spätere Verwendung auch eingefroren werden.

KCAL: 7 | F: 0,3 g | E: 0,5 g | KH GESAMT: 1,7 g | BS: 0,2 g | KH NETTO: 1,5 g

KH NETTO:
3,4 g

Cheddar Jalapeño Bacon Biscuits

Ergibt 8 Kekse (1 pro Portion) · Zubereitungszeit: 10 Minuten · Garzeit: 20 Minuten

Wer schon einmal bei Red Lobster in den Vereinigten Staaten gegessen hat, weiß vielleicht, wie lecker die Cheddar Bay Biscuits dort sind. Aber leider enthalten sie reichlich Kohlenhydrate. Deshalb musste ich einfach meine eigene gesündere Version kreieren, die zu meiner kohlenhydratarmen Ernährung passt. Ich verwende sie gern als Grundlage für das typisch amerikanische Frühstücksgericht Biscuits and Gravy oder serviere sie zum Chili aus dem Schongarer, das Sie auf meiner Website www.peaceloveandlowcarb.com finden (nur auf Englisch verfügbar).

Zutaten

115 g Frischkäse, vollfett, zimmerwarm

1 großes Ei

225 g würziger Cheddar, gerieben

3 Knoblauchzehen, fein gehackt

¼ TL italienische Kräuter

¼ TL Knoblauchpulver

¼ TL Zwiebelpulver

125 g helles Mandelmehl

60 g Konditorsahne

60 ml Wasser

6 Scheiben Frühstücksspeck, knusprig gebraten und gewürfelt

55 g eingelegte Chili oder Peperoni, fein gewürfelt

Zubereitung

1. Den Backofen auf 175 °C vorheizen. 8 Mulden eines Muffin-Backblechs mit 12 Mulden (oder 8 Tartelette- oder kleine Auflaufförmchen) leicht einfetten.
2. Frischkäse und Ei mit einem Handrührgerät oder einem Standmixer gut verrühren.
3. Cheddar, Knoblauch, italienische Kräuter, Knoblauchpulver und Zwiebelpulver dazugeben und gut mit einem Spatel verrühren.
4. Mandelmehl, Konditorsahne und Wasser unterrühren. Speck und Chiliwürfel unter den Teig heben.
5. Den Teig gleichmäßig auf die 8 Mulden oder Förmchen verteilen. 20 Minuten im Backofen backen, bis sie goldbraun sind. Vor dem Servieren in der Form abkühlen lassen. Reste sind im Kühlschrank maximal eine Woche haltbar.

Tipp

Übrig gebliebene Biscuits lassen sich gut im Minibackofen aufwärmen – aber auch kalt sind sie ziemlich lecker.

KCAL: 266 | F: 23 g | E: 12 g | KH GESAMT: 5,4 g | BS: 2 g | KH NETTO: 3,4 g

Salate

Erdbeer-Spinat-Salat / 46

Salat mit zweierlei Kohl / 48

Griechischer Salat / 50

Taco-Salat / 52

Thunfischsalat mit
Gurken und Dill / 54

Blumenkohl-Hähnchen-Salat / 56

KH NETTO:
3,8 g

Erdbeer-Spinat-Salat

OHNE EI

Ergibt 4 Portionen · Zubereitungszeit: 15 Minuten (Bratzeit für den Frühstücksspeck nicht eingerechnet)

In den Sommermonaten steht dieser Salat ständig auf meinem Speiseplan und ich finde es besonders toll, dass ich ihn mit Erdbeeren aus unserem Garten zubereiten kann. Damit aus ihm eine vollständige Mahlzeit wird, gebe ich gern Hähnchen oder Lachs mit Gewürzkruste darüber. Diese Mischung aus süß, deftig und scharf ist einfach unglaublich!

Zutaten

900 g frischer Babyspinat

8 Erdbeeren, in Scheiben

6 Scheiben Frühstücksspeck, kross gebraten und gewürfelt

75 g Feta, zerkrümelt

40 g Walnüsse, geröstet

rote Zwiebel, ein paar dünne Scheiben

Erdbeer-Balsamico-Vinaigrette (S. 143), zum Servieren (optional)

Zubereitung

Sämtliche Zutaten in einer großen Salatschüssel miteinander vermengen. Falls gewünscht, vor dem Servieren mit der Vinaigrette anmachen.

Optionale Vinaigrette nicht eingerechnet:

KCAL: 197 | F: 15 g | E: 11 g | KH GESAMT: 5,8 g | BS: 2 g | KH NETTO: 3,8 g

KH NETTO:
3 g

Salat mit zweierlei Kohl

OHNE EI

Ergibt: 8 Portionen · Zubereitungszeit: 15 Minuten (Bratzeit für den Frühstücksspeck nicht eingerechnet)

Dieser Salat ist einer von denen, den Sie beim Besuch Ihres Lieblingsrestaurants jedes Mal bestellen würden. Vielleicht würden Sie auch nur wegen dieses Salats in das Restaurant gehen. Die bittere Note von Schwarzkohl und Rosenkohl in Verbindung mit dem salzigen Frühstücksspeck und dem cremigen Blauschimmelkäse passt einfach perfekt mit der Zitrus-Vinaigrette zusammen.

Zutaten

1 Bund Schwarzkohl (auch Toskanischer Kohl oder Palmkohl genannt), entstielt und in dünnen Streifen

280 g frischer Rosenkohl, dünn geraspelt

4 Scheiben Frühstücksspeck, kross gebraten und gewürfelt

60 g Pekannusshälften, geröstet und gesalzen

75 g Blauschimmelkäse, zerkrümelt

Zitrus-Vinaigrette (S. 141), zum Servieren (optional)

Zubereitung

Sämtliche Zutaten in einer großen Salatschüssel vermengen. Falls gewünscht, vor dem Servieren mit der Vinaigrette anmachen.

Tipp

Probieren Sie den Salat mit gegrilltem Hähnchen oder Lachs, um daraus eine komplette Mahlzeit zu machen.

Optionale Vinaigrette nicht eingerechnet:

KCAL: 114 | F: 9g | E: 5g | KH GESAMT: 5,5g | BS: 2,5g | KH NETTO: 3g

KH NETTO:
4 g

Griechischer Salat

OHNE EI · OHNE NÜSSE

Ergibt 4 Portionen · Zubereitungszeit: 15 Minuten

Immer wenn ich einen Griechischen Salat oder Bauernsalat auf der Speisekarte eines Restaurants sehe, bestelle ich ihn auch. Diese Mischung frischer Zutaten mit mediterranem Charakter finde ich einfach toll. Vor ein paar Jahren war ich auf der wunderschönen griechischen Insel Santorini auf Reisen und war überrascht, dass dort kein Blattsalat in den traditionellen Bauernsalat kommt und dass der Feta in großen Stücken obendrauf serviert wird. Es war einfach köstlich. Eine einzige Gabel dieser auf Blattsalat basierenden Abwandlung bringt mich wieder zurück ans Mittelmeer.

Zutaten

1 großer Kopf Römersalat, zerzupft

1 Snackgurke, der Länge nach halbiert, entkernt und in Scheiben geschnitten

85 g Salami, in Streifen geschnitten

50 g Feta, zerkrümelt

50 g Cherrytomaten, halbiert

30 g Kalamata-Oliven, entkernt und halbiert

rote Zwiebel, ein paar dünne Scheiben

Griechisches Feta-Dressing (S. 140), zum Servieren (optional)

Zubereitung

Sämtliche Zutaten in einer großen Salatschüssel vermengen. Falls gewünscht, vor dem Servieren mit dem Dressing anmachen.

Tipp

Auch die Gurkensoße (S. 144) passt perfekt zu diesem Salat.

Optionales Dressing nicht eingerechnet:

KCAL: 172 | F: 12 g | E: 9 g | KH GESAMT: 7,5 g | BS: 3,5 g | KH NETTO: 4 g

KH NETTO:
5,5 g

Taco-Salat

OHNE EI · OHNE NÜSSE

Ergibt 4 Portionen · Zubereitungszeit: 15 Minuten (Zubereitungszeit für das Taco-Fleisch nicht eingerechnet)

Der Taco-Salat gehört zu den Gerichten, die ich am häufigsten esse – er hängt mir nie zum Halse raus. Das Beste am Taco-Salat ist, dass es keinerlei Regeln gibt: Sie können jede Salat- oder Käsesorte verwenden, beispielsweise die, die Sie gerade im Haus haben. Für das Taco-Fleisch können Sie auch Puten- oder Hähnchenhack nehmen, und ich selbst gebe auf den Salat auch gern vom Vortag übriges Gemüse.

Zutaten

1 Kopf Eisbergsalat, der Länge nach geviertelt

450 g gebratenes Rinderhack mit Taco-Würzmischung (siehe Tipps S. 138)

150 g würziger Cheddar, gerieben

50 g schwarze Oliven, in Scheiben

50 g Cherrytomaten, halbiert

1 mittelgroße Avocado, geschält, entkernt und in Scheiben

frischer Koriander, zerzupft, zum Garnieren (optional)

Avocado-Ranch-Dressing (S. 142), zum Servieren (optional)

Zubereitung

Über jedes Salatviertel ein Viertel des Taco-Fleisches, Käse, Oliven, Tomaten und Avocadoscheiben geben. Falls gewünscht, mit Koriander garnieren und mit dem Dressing servieren.

Tipps

Für schnelle und einfache Mahlzeiten bereite ich immer Salatzutaten wie die oben genannten vor und bewahre sie in Glasbehältnissen im Gefrierschrank auf – quasi als Mini-Salatbar.

Wenn ich Taco-Fleisch zubereite, verarbeite ich normalerweise die doppelte oder dreifache Menge und friere ein, was nicht sofort verzehrt wird. Allein mit diesen zwei Tipps kann man unglaublich viel Zeit in der Küche einsparen.

Optionales Dressing nicht eingerechnet:

KCAL: 395 | F: 27g | E: 31g | KH GESAMT: 10g | BS: 4,5g | KH NETTO: 5,5g

KH NETTO:
0,5 g

Thunfischsalat mit Gurken und Dill

OHNE MILCH · OHNE NÜSSE · PALÄO

Ergibt 4 Portionen · Zubereitungszeit: 10 Minuten

In meiner Vorratskammer habe ich immer ein paar Dosen hochwertigen Thunfisch vorrätig, damit ich etwas Gesundes griffbereit habe, das sich schnell zubereiten lässt. Dieser Thunfischsalat ist perfekt für ein schnelles Mittagessen unter der Woche oder wenn sich meine Vorräte an frischen Zutaten dem Ende zuneigen und ich auf das zurückgreifen muss, was noch an Grundnahrungsmitteln in der Vorratskammer steckt.

Zutaten

2 Dosen Thunfisch aus nachhaltiger Fischerei (à 140 g), abgetropft

1 Snack-Gurke, entkernt, gewürfelt

1 kleine Dillgurke, gewürfelt

1 EL plus 1 TL frischer Dill, gehackt

1 EL frischer Schnittlauch, gehackt

½ TL Knoblauchpulver

¼ TL Meersalz

¼ TL gemahlener schwarzer Pfeffer

55 g Mayonnaise

1½ TL Dijonsenf

Zubereitung

Sämtliche Zutaten in eine mittelgroße Schüssel geben und gut verrühren.

KCAL: 159 | F: 11 g | E: 15 g | KH GESAMT: 0,5 g | BS: 0 g | KH NETTO: 0,5 g

KH NETTO:
5 g

Blumenkohl-Hähnchen-Salat

OHNE NÜSSE

Ergibt 8 Portionen · Zubereitungszeit: 15 Minuten (Garzeit für Hähnchen und Frühstücksspeck nicht eingerechnet) · Garzeit: 20 Minuten

Haben Sie auch die Nase voll davon, bei Grillabenden im Sommer die Schüssel mit dem Nudelsalat immer weiterreichen zu müssen? Dann ist dieses Rezept genau richtig für Sie: Der perfekte Keto-Salat zum Mitbringen. So wissen Sie zudem genau, dass es auf der Party auch für Sie etwas Geeignetes zu essen gibt.

Zutaten

1 großer Kopf Blumenkohl, in mundgerechte Röschen geschnitten

Meersalz und gemahlener schwarzer Pfeffer

225 g Hähnchenbrust oder -oberkeule, ohne Knochen, ohne Haut, gegart und in kleine Stücke geschnitten

6 Scheiben Frühstücksspeck, knusprig gebraten und gewürfelt

2 EL Gurken-Relish

2 Stangen Sellerie, in Scheiben

90 g rote Paprika, gewürfelt

½ rote Zwiebel, gewürfelt (ca. 45 g)

55 g Sour Cream, vollfett

55 g Mayonnaise

60 ml Barbecue-Soße (S. 145)

1 EL Senf

Zubereitung

1. Den Backofen auf 220 °C vorheizen. Ein Backblech mit Backpapier oder einer Backmatte aus Silikon auslegen.
2. Die Blumenkohlröschen gleichmäßig auf dem Backblech verteilen und großzügig mit Salz und Pfeffer würzen. Etwa 20 Minuten im Backofen garen, bis der Blumenkohl gar ist. Aus dem Backofen nehmen und abkühlen lassen.
3. Während der Blumenkohl gart, Hähnchen, Frühstücksspeck, Relish, Sellerie, Paprika, Zwiebel, Sour Cream, Mayonnaise, Barbecue-Soße und Senf in eine große Schüssel geben und gut verrühren.
4. Die abgekühlten Blumenkohlröschen unter den Salat heben. Reste sind im Kühlschrank maximal eine Woche haltbar.

Tipps

Dadurch, dass der Blumenkohl im Ofen gegart und nicht gekocht wird, wird der Salat nicht zu matschig.

Dieser Salat schmeckt sowohl warm als auch kalt.

KCAL: 161 | F: 10 g | E: 12 g | KH GESAMT: 8 g | BS: 3 g | KH NETTO: 5 g | ERYTHRIT: 1 g

Frühstück

Glückskekswaffeln / 60

Eier Benedikt mit Kassler und Spinat / 62

Käsiges Pico-Rührei / 64

Wurstbällchen / 66

Eiwölkchen mit Sour Cream und Schnittlauch / 68

Schinken-Käse-Waffeln / 70

Ofen-Omelett mit Hähnchen / 72

KH NETTO: **1,9 g**

Glückskekswaffeln

OHNE NÜSSE

Ergibt: 4 große Belgische Waffeln (½ Waffel pro Portion)
Zubereitungszeit: 10 Minuten · Garzeit: 20 Minuten

Diese Waffeln schmecken wie Frühstück und Nachtisch gleichzeitig. Als ich sie zum ersten Mal machte, erinnerte mich ihr Geschmack gleich an Glückskekse – daher auch ihr Name. Sie sind gerade eben süß genug, um pur köstlich zu schmecken. Aber auch mit etwas zuckerfreiem Ahornsirup beträufelt, wie auf dem Bild, sind sie enorm lecker. In diesen Waffeln steckt zwar kein kleines Sprüchlein, aber sättigen tun sie allemal.

Zutaten

115 g Frischkäse, vollfett, zimmerwarm

4 große Eier

2 EL Erythrit, als Granulat

2 EL Konditorsahne

2 TL reines Vanilleextrakt

40 g Kokosmehl

2 TL Backpulver

Butter oder Ghee zum Einfetten des Waffeleisens

Zubereitung

1. Frischkäse, Eier, Erythrit, Konditorsahne und Vanilleextrakt in einen Hochleistungsmixer geben und mit der Pulse-Funktion mixen, bis eine glatte Masse entsteht.
2. Kokosmehl und Backpulver dazugeben und mit der Pulse-Funktion unterrühren. Falls notwendig die Zutatenreste mit einem Teigschaber oder Spatel von den Wänden des Mixbehälters herunterschieben und untermixen. Mit am Behälter festklebendem Kokosmehl ebenso verfahren.
3. Das Waffeleisen mit etwas Butter einfetten. Den Teig in die Mitte des Waffeleisens geben. Die Teigmenge pro Backvorgang ist abhängig vom Fassungsvermögen des Waffeleisens. Schauen Sie in der Bedienungsanleitung Ihres Waffeleisens nach, welche Teigmenge vom Hersteller empfohlen wird.
4. Den Teig 5 Minuten backen oder bis kein Dampf mehr aus dem Waffeleisen entweicht. Mit dem restlichen Teig wiederholen und das Waffeleisen zwischendurch nachfetten.

Zeitspartipp

Bereiten Sie die doppelte oder dreifache Menge Waffeln vor und frieren Sie sie für später ein. Am besten schmecken sie, wenn sie im Toaster oder Minibackofen aufgewärmt werden.

KCAL: 119 | F: 9g | E: 5g | KH GESAMT: 3,5g | BS: 1,6g | KH NETTO: 1,9g | ERYTHRIT: 3,8g

JOY
grace

KH NETTO:
6,5 g

Eier Benedikt mit Kassler und Spinat

OHNE NÜSSE

Ergibt 4 Portionen · Zubereitungszeit: 15 Minuten · Garzeit: 25 Minuten

Eier Benedikt haben schon immer zu meinen liebsten Frühstücksgerichten gehört. Ein perfekt pochiertes Ei schmeckt einfach unglaublich. Und diese Mischung aus köstlichem, cremigem Eigelb mit den Aromen von Hollandaise und Kassler ist eine wahrhaft himmlische Verbindung.

Zutaten

2 EL Olivenöl

1,8 kg Babyspinat

115 g braune Champignons, in dünnen Scheiben

2 Knoblauchzehen, fein gewürfelt

1 TL Meersalz

½ TL gemahlener schwarzer Pfeffer

8 große Eier

¼ TL Weißweinessig

Zum Servieren:

1 Tomate, in 8 dünne Scheiben geschnitten

225 g Kassler oder dünn geschnittener Kochschinken, aufgewärmt

180 ml Einfache Hollandaise aus dem Mixer (S. 146), aufgewärmt

50 g Feta, zerkrümelt

2 EL frischer Schnittlauch, gehackt

Zubereitung

1. Olivenöl in einer großen Bratpfanne bei mittlerer Hitze erhitzen. Spinat, Pilze, Knoblauch, Salz und Pfeffer in die Pfanne geben und etwa 8 Minuten braten, bis der Spinat eingefallen ist und die Pilze ihre Flüssigkeit abgegeben haben. Die Hitze auf die kleinste Stufe verringern, um die Mischung warm zu halten.
2. Ein Ei in ein kleines Auflaufförmchen aufschlagen.
3. Wasser in einem kleinen Topf sprudelnd aufkochen. Essig ins Wasser geben und mit einem Löffel umrühren, sodass ein kleiner Wasserwirbel im Topf entsteht. Das Ei vorsichtig in die Mitte dieses Wirbels gleiten lassen. Das Ei nach 2 Minuten mit einem Schöpflöffel aus dem Wasser nehmen. Mit den restlichen Eiern wiederholen.
4. Die Spinat-Champignon-Mischung auf vier Teller verteilen. Auf jeden Teller zwei Tomatenscheiben, zwei Scheiben Kassler oder Kochschinken und zwei pochierte Eier geben und mit jeweils einem Viertel Hollandaise, Feta und Schnittlauch anrichten.

Zeitspartipp

Die Spinat-Champignon-Pfanne aus diesem Rezept eignet sich auch sehr gut als Beilage zum Abendessen. Bereiten Sie zum Abendessen einfach die doppelte Portion zu und Sie haben schon die halbe Arbeit fürs Frühstück erledigt!

KCAL: 541 | F: 42 g | E: 33 g | KH GESAMT: 9,5 g | BS: 3 g | KH NETTO: 6,5 g

KH NETTO:
3,5 g

Käsiges Pico-Rührei

OHNE NÜSSE Ergibt: 1 Portion · Zubereitungszeit: 5 Minuten · Garzeit: 5 Minuten

Sollten Sie Ihr Rührei noch nicht mit Konditorsahne zubereiten, könnte dieses Rezept dies für immer ändern. Es ist einfach unglaublich, wie nur ein Schuss Sahne die Konsistenz der Eier völlig verwandelt und sie leicht und locker macht. Verwenden Sie gern den Käse, den Sie gerade griffbereit haben. Einer meiner Lieblingskäse für dieses Frühstück ist Pepper Jack, ein mit Chili verfeinerter Käse, der unglaublich gut zum Pico de gallo passt. Wenn Sie diese Eier mit Würstchen, Frühstücksspeck oder Schinken und etwas frischer Avocado servieren, haben Sie schon ein komplettes Hauptgericht!

Zutaten

3 große Eier

1 EL Konditorsahne

¼ TL Meersalz

1 Prise gemahlener schwarzer Pfeffer

1 EL Butter oder Olivenöl

30 g geriebener Mozzarella

2 EL Pico de gallo (S. 41)

Zubereitung

1. Eier in eine kleine Schüssel aufschlagen und mit einem Schneebesen verrühren. Konditorsahne, Salz und Pfeffer dazugeben und gut unterrühren.
2. Butter bei mittlerer Hitze in einer großen Bratpfanne erhitzen. Die Eier in die Pfanne geben, sobald sie heiß ist, und mit einem hitzebeständigen Spatel vorsichtig umrühren und mit dem Spatel umdrehen. Kurz stocken lassen und dann wieder mit dem Spatel umdrehen. Wiederholen, bis das Rührei nach Geschmack durchgegart ist. Das langsame und wenige Rühren und Umdrehen führt dazu, dass das Rührei unglaublich locker wird.
3. Vor dem Servieren Mozzarella und Pico de gallo über das Rührei geben.

Tipp

Auch die Salsa verde (S. 139) passt hervorragend zu diesem Rührei.

KCAL: 415 | F: 35g | E: 24g | KH GESAMT: 3,7g | BS: 0,2g | KH NETTO: 3,5g

KH NETTO:
3,5 g

Wurstbällchen

Ergibt: 24 Bällchen (4 pro Portion) · Zubereitungszeit: 10 Minuten · Garzeit: 20 Minuten

Dieses Rezept gehört zu meinen Lieblingsrezepten in diesem Buch. Die Zubereitung der Wurstbällchen ist wirklich einfach und sie passen zu fast jedem Gericht. Für Tage, an denen mir einfach nicht nach kochen ist, habe ich immer einen Vorrat Wurstbällchen im Kühlschrank. Ich bereite gern die doppelte oder dreifache Rezeptmenge zu, portioniere die Bällchen und friere sie ein. Einmal kochen, mehrmals genießen! Dazu serviere ich am liebsten die Barbecue-Soße (S. 145) und das Avocado-Ranch-Dressing (S. 142) zum Dippen.

Zutaten

450 g Salsiccia (nur die Wurstmasse; falls nicht separat erhältlich, die Wurstmasse aus den Därmen pellen)

100 g helles Mandelmehl

150 g würziger Cheddar, gerieben

30 g Parmesan, gerieben

1 großes Ei

1 EL gefriergetrocknete Zwiebel

2 TL Backpulver

Zubereitung

1. Den Backofen auf 175 °C vorheizen. Den Grillrost auf ein Backblech legen.
2. Sämtliche Zutaten in eine große Schüssel geben und gut mit den Händen vermengen.
3. Aus der Fleischmasse insgesamt 24 Bällchen mit einem Durchmesser von 4–5 cm formen.
4. Die Wurstbällchen auf den Grillrost legen. Im Backofen etwa 20 Minuten garen, bis sie goldbraun sind.

KCAL: 374 | F: 31 g | E: 22 g | KH GESAMT: 5,5 g | BS: 2 g | KH NETTO: 3,5 g

KH NETTO:
2,3 g

Eiwölkchen mit Sour Cream und Schnittlauch

OHNE NÜSSE

Ergibt: 8 Eiwölkchen (2 pro Portion) · **Zubereitungszeit:** 10 Minuten
Garzeit: 6 Minuten

Diese Eiwölkchen sind eine willkommene Abwechslung in meinem normalen Frühstücksprogramm und bieten dem Gaumen andere Aromen und eine andere Konsistenz. Sie sind auch super, um Kindern Eier zum Frühstück schmackhaft zu machen.

Zutaten

8 große Eier

40 g würziger weißer Cheddar, gerieben

55 g Sour Cream, vollfett

1 TL Knoblauchpulver

2 Stängel Schnittlauch, in Röllchen geschnitten, aufgeteilt

2 TL gesalzene Butter

Zubereitung

1. Den Backofen auf 230 °C vorheizen. Ein Backblech mit Backpapier oder einer Backmatte aus Silikon auslegen.
2. Eier trennen und das Eiweiß in eine große Schüssel geben, jedes Eigelb einzeln in eine kleine Auflaufform oder Schale geben.
3. Das Eiweiß mit dem Handrührgerät oder einem Standmixer schlagen, bis es steif wird und sich beim Herausnehmen der Rührhaken feste Spitzen bilden.
4. Käse, Sour Cream, Knoblauchpulver und die Hälfte des Schnittlauchs vorsichtig mit einem Teigschaber unter den Eischnee heben.
5. Die Eischneemischung in 8 Häufchen auf das vorbereitete Backblech geben. Mit einem großen Löffel eine Vertiefung in jede Eischneewolke drücken. Anschließend in jede Vertiefung ein Eigelb füllen.
6. 6 Minuten im Backofen garen, bis die Eiwölkchen oben goldbraun werden und das Eigelb stockt.
7. Auf jedes Eigelb ¼ der Butter geben und mit dem restlichen Schnittlauch garnieren.

Tipp

Sie können ein wenig Abwechslung in dieses Rezept bringen, indem Sie Schinkenwürfel oder gehackte Würstchen unter den Eischnee heben.

KCAL: 214 | F: 16g | E: 15g | KH GESAMT: 2,3g | BS: 0g | KH NETTO: 2,3g

KH NETTO:
3 g

Schinken-Käse-Waffeln

OHNE NÜSSE

Ergibt: 8 Waffeln (1 pro Portion) · Zubereitungszeit: 10 Minuten · Garzeit: 40 Minuten

Diese deftigen Schinken-Käse-Waffeln sind köstlich, wenn sie mit einem Spiegelei obendrauf serviert werden. Sie sind ebenso lecker als Sticks geschnitten und mit zuckerfreiem Ahornsirup als Dip dazu serviert. Noch besser sind sie mit Ei und Sirup – das sollten Sie probieren. Die Mischung aus süß und deftig macht das Frühstück zu einem Erlebnis.

Zutaten

60 g Kokosmehl
2 EL Erythrit, als Granulat
1 TL Zimtpulver
½ TL Backpulver
½ TL Meersalz
5 große Eier
120 g Konditorsahne
120 g Wasser
55 g Butter, geschmolzen (aber nicht heiß)
1 TL reines Vanilleextrakt
225 g Kochschinken, gewürfelt
150 g würziger Cheddar, gerieben
Butter oder Kokosöl für das Waffeleisen

Zubereitung

1. Kokosmehl, Erythrit, Zimt, Backpulver und Salz in eine große Schüssel geben und gut mit einem Schneebesen verrühren.
2. Eier in eine zweite Schüssel aufschlagen. Konditorsahne, Wasser, geschmolzene Butter und Vanilleextrakt dazugeben und mit dem Schneebesen verquirlen.
3. Die Eimischung unter Rühren in die Schüssel mit den trockenen Zutaten geben und alles gut verrühren.
4. Schinken und Käse mit einem Teigschaber unter den Teig heben.
5. Das Waffeleisen mit etwas Butter einfetten. Den Teig in die Mitte des Waffeleisens geben. Die Teigmenge pro Backvorgang ist abhängig vom Fassungsvermögen des Waffeleisens. Schauen Sie in der Bedienungsanleitung Ihres Waffeleisens nach, welche Teigmenge vom Hersteller empfohlen wird.
6. Den Teig 5 Minuten backen oder bis kein Dampf mehr aus dem Waffeleisen entweicht. Mit dem restlichen Teig wiederholen und das Waffeleisen zwischendurch nachfetten.

Tipp

Diese Waffeln lassen sich gut einfrieren und wieder aufwärmen, was sie perfekt für das Vorkochen macht. Meine Empfehlung ist, sie im Toaster oder Minibackofen aufzuwärmen.

KCAL: 211 | F: 16g | E: 10g | KH GESAMT: 5,6g | BS: 2,6g | KH NETTO: 3g | ERYTHRIT: 3,8g

KH NETTO:

2,8 g

Ofen-Omelett mit Hähnchen

OHNE NÜSSE

Ergibt 6 Portionen · Zubereitungszeit: 10 Minuten · Garzeit: 30 Minuten

Dieses Gericht vereint all die köstlichen Aromen eines klassischen Mittagessens – aber in Form eines Frühstücks. Es ist eines meiner Lieblingsrezepte, mit dem bei uns insbesondere um die Weihnachtsfeiertage herum Reste verwertet werden können. Bleibt vom Truthahn an Thanksgiving oder vom Weihnachtsschinken etwas übrig, werden die Reste vom Abendessen einfach in ein köstliches Frühstück verwandelt, das der ganzen Familie schmeckt.

Zutaten

10 große Eier

60 g Konditorsahne

2 Knoblauchzehen, fein gehackt

½ TL Meersalz

¼ TL gemahlener schwarzer Pfeffer

170 g Emmentaler, in 8 Scheiben geschnitten, aufgeteilt

225 g Hähnchenbrust, gegart und in Stücke geschnitten, aufgeteilt

225 g Kochschinken, gewürfelt, aufgeteilt

Zum Servieren (optional):

55 g kleine Rucola-Blätter

55 g Cherrytomaten, halbiert

1 Stängel Schnittlauch, in Röllchen geschnitten

Zubereitung

1. Die Eier in eine große Schüssel aufschlagen und mit dem Schneebesen verquirlen. Konditorsahne, Knoblauch, Salz und Pfeffer dazugeben und gut verrühren.
2. 4 Scheiben Emmentaler würfeln und zur Eimasse geben. Die Hälfte des Hähnchenfleisches und die Hälfte des Schinkens unterrühren.
3. Den Backofen auf 190 °C vorheizen.
4. Eine große ofenfeste Bratpfanne bei mittlerer Hitze erhitzen. Die Eimasse in die Pfanne geben und etwa 10 Minuten garen, bis die Masse am Boden und an den Seiten zu stocken beginnt.
5. Die restlichen Käsescheiben, Hähnchenfleisch und Schinken auf der Eimasse verteilen und die Bratpfanne in den Backofen stellen. Etwa 20 Minuten backen, bis die Masse in der Mitte gestockt ist.
6. Falls gewünscht vor dem Servieren mit Rucola, Tomaten und Schnittlauch garnieren.

Zeitspartipp

Die Verwendung eines fertigen Brathähnchens reduziert bei diesem Rezept den Zeitaufwand in der Küche. Eine weitere Möglichkeit, um das Kochen bequemer zu machen, ist, Hähnchenbrüste im Voraus zu Garen und in Einzelportionen einzufrieren.

KCAL: 353 | F: 22 g | E: 35 g | KH GESAMT: 2,8 g | BS: 0 g | KH NETTO: 2,8 g

LODGE

MITTAG- UND Abendessen

Schweinekoteletts mit Ziegenkäse-Kräuterbutter / 76

Scharfe Kohl-Wurst-Pfanne / 78

Zucchini-Spaghetti mit Hacksoße / 80

Gemüsepfanne mit Geflügelwurst / 82

Gefüllte Paprika à la Sloppy Joe / 84

Käsiger Hähnchenauflauf mit Salsa verde / 86

Griechische Hackbällchen / 88

Rumpsteaks mit cremiger Blauschimmelkäse-Dijon-Soße / 90

Taco-Bowls mit Fisch / 92

Kräuterhuhn mit Pilzen / 94

Parmesan-Hähnchen / 96

Garnelen-Piccata/ 98

Hacksteak / 100

Kohlsteaks mit Hähnchen / 102

Zucchini-Spaghetti mit cremiger Pestosoße / 104

KH NETTO:
0,5 g

Schweinekoteletts mit Ziegenkäse-Kräuterbutter

OHNE EI · OHNE NÜSSE

Ergibt 4 Portionen · Zubereitungszeit: 10 Minuten · Garzeit: 12 Minuten

Durch die Ziegenkäse-Kräuterbutter werden die an sich schon zarten und saftigen Schweinekoteletts ein ganz neuer Genuss. Sollte etwas von der Kräuterbutter übrig bleiben, schmeckt sie auch fantastisch auf den buttrigen Knoblauch-Croissants (S. 38) oder zu Hähnchen. Besonders gern serviere ich die Schweinekoteletts mit den gebratenen grünen Bohnen mit Schinken (S. 118).

Zutaten

2 EL Olivenöl

4 dick geschnittene Koteletts aus der Schweinelende, ohne Knochen (etwa 900 g)

Meersalz und gemahlener schwarzer Pfeffer

Für die Ziegenkäse-Kräuterbutter:

55 g gesalzene Butter, weich

55 g Ziegenfrischkäse (weich)

½ TL Schnittlauch, gehackt

½ TL frische glatte Petersilie, gehackt

½ TL frischer Rosmarin, gehackt

¼ TL frischer Thymian, gehackt

¼ TL Knoblauchpulver

Zubereitung

1. Olivenöl bei mittlerer Hitze in einer großen Bratpfanne erhitzen. Schweinekoteletts großzügig von beiden Seiten mit Salz und Pfeffer würzen.
2. Schweinekoteletts in die Pfanne geben und von jeder Seite etwa 6 Minuten braten, bis sie goldbraun und vollständig durchgegart sind.
3. Währenddessen die Ziegenkäse-Kräuterbutter zubereiten. Dafür Butter, Ziegenfrischkäse, Schnittlauch, Petersilie, Rosmarin, Thymian und Knoblauchpulver in eine kleine Schüssel geben und gut verrühren.
4. Vor dem Servieren jeweils ein Viertel der Ziegenkäse-Kräuterbutter auf die Schweinekoteletts geben.

KCAL: 507 | F: 32 g | E: 48 g | KH GESAMT: 0,5 g | BS: 0 g | KH NETTO: 0,5 g

Scharfe Kohl-Wurst-Pfanne

KH NETTO:
6 g

OHNE MILCH · OHNE EI · OHNE NÜSSE · PALÄO

Ergibt 6 Portionen · Zubereitungszeit: 15 Minuten · Garzeit: 15 Minuten

Zutaten

1 EL Olivenöl

450 g scharfe Salsiccia (nur die Wurstmasse; falls nicht separat erhältlich, die Wurstmasse aus den Därmen pellen)

4 Knoblauchzehen, fein gehackt

1½ TL frischer Ingwer, gerieben

½ TL Meersalz

¼ TL gemahlener schwarzer Pfeffer

115 g braune Champignons, in dünnen Scheiben

1 Kopf Chinakohl, fein gehobelt

1 kleine grüne Paprika, fein gestiftelt

1 kleine rote Paprika, fein gestiftelt

2 EL ungewürzter Reisessig

2 EL Coconut Aminos oder glutenfreie Sojasoße

2 TL geröstetes Sesamöl

2 EL frischer Schnittlauch, in Röllchen geschnitten, zum Garnieren

2 EL geröstete Sesamsaat, zum Garnieren

Zubereitung

1. Olivenöl bei mittlerer bis starker Hitze in einer großen Bratpfanne erhitzen. Wurstmasse, Knoblauch, Ingwer, Salz und Pfeffer in die Pfanne geben, sobald das Öl heiß ist, und etwa 5 Minuten anbraten, bis die Wurstmasse gebräunt ist. Dabei die Wurstmasse mit einem hitzebeständigen Spatel zerteilen.
2. Die Wurstmasse mit einem Schöpflöffel aus der Pfanne nehmen und die Flüssigkeit in der Pfanne lassen.
3. Die Pilze in die Bratpfanne geben. Sobald die Pilze weich sind und Flüssigkeit abgegeben haben, den Chinakohl dazugeben. 3–4 Minuten garen, bis der Kohl gerade eben zusammenfällt.
4. Paprika, Essig, Coconut Aminos und Sesamöl zum Kohl geben. Etwa 3 Minuten garen, bis die Paprika schon weich wird, aber noch Biss hat.
5. Die Wurstmasse in die Pfanne geben und unterrühren. Vor dem Servieren mit Schnittlauch und Sesamsaat garnieren.

KCAL: 275 | F: 20g | E: 14g | KH GESAMT: 9g | BS: 3g | KH NETTO: 6g

KH NETTO:
6,1 g

Zucchini-Spaghetti mit Hacksoße

OHNE EI · OHNE NÜSSE

Ergibt 6 Portionen · Zubereitungszeit: 10 Minuten (plus Zeit zum Salzen der Zucchini)
Garzeit: 30 Minuten

Diese Hacksoße erinnert mich an die nächtlichen Besuche bei unserem Imbiss um die Ecke und ist eine Art Seelentröster für mich, denn die Zeiten des Imbissessens sind natürlich lange her. Die Soße schmeckt nicht nur zu Gemüsenudeln, sondern ist auch zu den Cheddar Jalapeño Bacon Biscuits (S. 42) unglaublich lecker. Darüber ein perfekt gebratenes Spiegelei mit weichem Eigelb und schon verwandeln sich die Reste vom Abendessen in ein köstliches Frühstück.

Zutaten

4 große Zucchini, in Spiralen geschnitten

3½ TL Meersalz, aufgeteilt

45 g Butter

1 kleine Zwiebel, gewürfelt (etwa 75 g)

4 Knoblauchzehen, fein gewürfelt

½ TL getrockneter Salbei, geschnitten

¼ TL gemahlener schwarzer Pfeffer

450 g Rinderhack

360 ml Konditorsahne

60 g Parmesan, gerieben, plus mehr zum Garnieren

3 EL frische glatte Petersilie, gehackt, zum Garnieren

Zubereitung

1. Die Zucchini-Spaghetti in einer Lage auf mehreren Lagen Küchenpapier auslegen. Mit 2½ TL Meersalz bestreuen und 10–15 Minuten ruhen lassen. Das Salz entzieht den Zucchini-Spaghetti überschüssige Flüssigkeit, damit sie die Soße nicht verwässern. Haben die Spaghetti genug Flüssigkeit abgegeben, eine Lage Küchenpapier oben auf die Zucchini-Spaghetti legen und die überschüssige Flüssigkeit abtupfen. Zucchini-Spaghetti beiseitelegen.
2. Dann die Soße zubereiten. Dafür die Butter bei mittlerer Hitze in einer großen Bratpfanne erhitzen. Zwiebeln, Knoblauch, den restlichen TL Salz, Salbei und Pfeffer in die heiße Pfanne geben. So lange garen, bis die Zwiebeln glasig werden und der Knoblauch zu duften beginnt.
3. Rinderhack dazugeben und etwa 5–7 Minuten anbraten, bis es gebräunt ist, dabei mit einem hitzebeständigen Spatel zerteilen.
4. Konditorsahne und Parmesan unterrühren, die Hitze auf niedrigste Stufe reduzieren und etwa 10 Minuten köcheln, bis die Soße eindickt.
5. Zucchini-Spaghetti in die Soße geben und gut unterheben, dann 2–3 Minuten garen, sodass die Spaghetti zart, aber nicht matschig sind.
6. Vor dem Servieren mit Petersilie und etwas Parmesan garnieren.

Zeitspartipp

Kaufen Sie größere Mengen Zucchini, wenn sie gerade im Angebot sind. Zu Hause schneiden Sie sie in Spiralen, portionieren sie und frieren sie bis zu ihrer Verwendung ein. Nach dem Auftauen salzen und ruhen lassen.

KCAL: 293 | F: 22 g | E: 13 g | KH GESAMT: 8,5 g | BS: 2,4 g | KH NETTO: 6,1 g

KH NETTO:
4 g

Gemüsepfanne mit Geflügelwurst

OHNE MILCH · OHNE EI · OHNE NÜSSE · PALÄO

Ergibt 6 Portionen · Zubereitungszeit: 15 Minuten · Garzeit: 25 Minuten

Ich mag, wie einfach die Zubereitung dieses Gerichts ist und wie natürlich und gleichzeitig sättigend die Zutaten sind. Großartig ist auch, dass Sie das an Fleisch und Gemüse verwenden können, was Sie gerade im Haus haben. Die Krönung ist, dass beim Kochen nur eine Pfanne schmutzig wird. Gesund, sättigend *und* nur eine Pfanne? Mehr als perfekt.

Zutaten

3 EL Olivenöl

5 Geflügelwürstchen, in Scheiben geschnitten

2 Knoblauchzehen, fein gehackt

1 kleine rote Zwiebel, in große Stücke geschnitten

1 kleine Zucchini (ca. 15 cm), der Länge nach halbiert und in Scheiben geschnitten

1 kleine gelbe Zucchini, der Länge nach halbiert und in Scheiben geschnitten

1 kleine rote Paprika, in große Stücke geschnitten

1 kleine gelbe Paprika, in große Stücke geschnitten

6 braune Champignons, geviertelt

½ TL italienische Kräuter

½ TL Chiliflocken

Meersalz und gemahlener schwarzer Pfeffer (optional)

Zubereitung

1. Olivenöl bei mittlerer Hitze in einer großen Bratpfanne erhitzen. Würstchen, Knoblauch und Zwiebeln dazugeben und etwa 10 Minuten anbraten, bis die Würstchen gebräunt sind und die Zwiebeln glasig.
2. Zucchini, gelbe Zucchini, Paprika, Pilze, italienische Kräuter und Chiliflocken in die Pfanne geben und weitere 10–15 Minuten braten, bis das Gemüse zart ist, aber noch Biss hat.
3. Abschmecken und falls gewünscht mit Salz und Pfeffer nachwürzen.

KCAL: 205 | F: 14g | E: 14g | KH GESAMT: 5,6g | BS: 1,6g | KH NETTO: 4g

KH NETTO:

6 g

Gefüllte Paprika à la Sloppy Joe

OHNE MILCH · OHNE EI · OHNE NÜSSE

Ergibt 8 Portionen · Zubereitungszeit: 10 Minuten · Garzeit: 25 Minuten

Als ich noch ein Kind war, aßen wir sehr häufig Sloppy Joes – also Hackfleisch, das in einer ziemlich süßen Soße aus der Dose gekocht und dann in einem Hamburger-Brötchen serviert wird. Dazu gab es normalerweise Tater Tots (eine Art frittierte Kroketten) und Ketchup und ich liebte einfach alles an diesem Essen. Mit steigendem Alter und sich veränderndem und reifendem Geschmack fand ich das Leibgericht meiner Kindheit jedoch immer weniger lecker. Erst als ich meine eigene Version mit natürlichen Zutaten kreierte, fing ich an, die saftige Hackfleischmischung wieder zu mögen.

Zutaten

4 große Paprika (Farbe nach Wahl)

2 EL Olivenöl

1 kleine Zwiebel, gewürfelt (ca. 75 g)

1 Stange Sellerie, gewürfelt

3 Knoblauchzehen, fein gehackt

675 g Rinderhack

240 ml Tomatensoße oder Pizzatomaten aus der Dose

60 ml zuckerreduzierter Ketchup

1 EL Worcestershiresauce

1 EL Dijonsenf

2 TL Chilipulver

1 TL Kreuzkümmel, gemahlen

¾ TL Meersalz

2 EL frische glatte Petersilie, gehackt

Zubereitung

1. Den Backofen auf 190 °C vorheizen. Ein Backblech mit Backpapier oder einer Backmatte aus Silikon auslegen.
2. Die Paprikas der Länge nach halbieren und Samen und Häute entfernen. Die Paprikahälften mit der Schnittseite nach oben auf das vorbereitete Backblech legen und 20–25 Minuten backen, bis sie weich sind.
3. Währenddessen die Sloppy-Joe-Mischung zubereiten. Dafür das Olivenöl bei mittlerer Hitze in einer großen Bratpfanne erhitzen. Zwiebeln, Sellerie und Knoblauch in die heiße Pfanne geben und anbraten, bis Zwiebeln und Sellerie weich sind und der Knoblauch duftet.
4. Rinderhack dazugeben und etwa 8 Minuten anbraten, bis es gebräunt ist, dabei mit einem hitzebeständigen Spatel zerteilen.
5. Tomatensoße, Ketchup, Worcestershiresauce, Dijonsenf, Chilipulver, Kreuzkümmel und Salz unterrühren. 5–7 Minuten köcheln, bis die Soße eingedickt ist.
6. Die Sloppy-Joe-Mischung in die Paprikahälften geben und mit Petersilie garnieren.

KCAL: 205 | F: 10g | E: 19g | KH GESAMT: 8,5g | BS: 2,5g | KH NETTO: 6g

KH NETTO:
4 g

Käsiger Hähnchenauflauf mit Salsa verde

OHNE EI · OHNE NÜSSE

Ergibt 8 Portionen · Zubereitungszeit: 10 Minuten · Garzeit: 25 Minuten

Ich liebe alles, was eine mexikanische Note hat und in meinem Herzen ist immer »Taco Tuesday«. Dieser Auflauf wurde von meinen Kindern und meinem Mann genehmigt und für gut befunden. Sie haben ihn in weniger Zeit hinuntergeschlungen, als er zuvor im Ofen gebacken wurde. Seitdem steht er immer wieder auf unserem Speiseplan.

Zutaten

900 g Hähnchenbrüste oder -oberkeulen, ohne Haut, ohne Knochen, in mundgerechten Stücken

225 g Mozzarella, gerieben, aufgeteilt

225 g würziger Cheddar, gerieben, aufgeteilt

360 ml Salsa verde, gekauft oder selbst gemacht (S. 139), aufgeteilt

170 g Sour Cream, vollfett

1½ TL Meersalz

1 TL Chilipulver

1 TL Kreuzkümmel, gemahlen

¼ TL gemahlener schwarzer Pfeffer

1 mittelgroße Avocado, geschält, entkernt, gewürfelt

Zum Garnieren (optional):

55 g Pico de gallo (S. 41)

frischer Koriander, zerzupft

Zubereitung

1. Hähnchenfleisch, 110 g Mozzarella, 110 g Cheddar, 180 ml Salsa verde, Sour Cream, Salz, Chilipulver, Kreuzkümmel und Pfeffer in eine große Schüssel geben und gut verrühren.
2. Den Backofen auf 200 °C vorheizen.
3. 60 ml der Salsa verde in eine Auflaufform mit ca. 1,8 l Fassungsvermögen geben. Die Hähnchenmischung daraufgeben und gleichmäßig verstreichen. Die restliche Salsa verde, Mozzarella und Cheddar darüber verteilen.
4. 25 Minuten im Backofen garen, bis der Auflauf köchelt.
5. Falls gewünscht mit gewürfelter Avocado belegen und mit Pico de gallo und Koriander garnieren.

Tipp

Zu diesem Auflauf serviere ich am liebsten Blumenkohlreis mit Frühlingszwiebel und Limette (S. 110).

KCAL: 383 | F: 26g | E: 32g | KH GESAMT: 5,4g | BS: 1,4g | KH NETTO: 4g

KH NETTO:
2 g

Griechische Hackbällchen

OHNE NÜSSE

Ergibt: 36 Hackbällchen (6 pro Portion) · **Zubereitungszeit:** 15 Minuten
Garzeit: 15 Minuten

Dies ist ohne Zweifel mein Lieblingsrezept in diesem Buch. Die kalte Gurkensoße passt wahnsinnig gut zu den saftigen Fleischbällchen und der Blumenkohlreis mit Frühlingszwiebel und Limette (S. 110) ist die perfekte Ergänzung dazu – als wenn beide Rezepte füreinander kreiert worden wären. Auch für das Vorkochen ist es eines meiner Lieblingsrezepte, da sich die Hackbällchen gut einfrieren lassen und die Gurkensoße blitzschnell zusammengerührt ist.

Zutaten

490 g Rinderhack (siehe Tipp)
1 kleine Zwiebel
75 g Feta, zerkrümelt
2 Knoblauchzehen, fein gehackt
1 großes Ei
2 EL frische glatte Petersilie, gehackt
1 EL frische Minze, gehackt
1 TL getrockneter Oregano
1 TL Meersalz
¼ TL gemahlener schwarzer Pfeffer
2 EL Olivenöl
Gurkensoße (S. 144), zum Servieren (optional)
ein paar Zweige frische Minze, zum Garnieren

Zubereitung

1. Hackfleisch in eine große Schüssel geben. Die Zwiebel mit einer Reibe direkt in die Schüssel reiben.
2. Feta, Knoblauch, Ei, Petersilie, Minze, Oregano, Salz und Pfeffer dazugeben. Gut mit den Händen vermengen und 36 Bällchen mit ca. 4 cm Durchmesser formen.
3. Den Backofen auf 175 °C vorheizen.
4. Olivenöl bei mittlerer bis starker Hitze in einer großen ofenfesten Bratpfanne erhitzen. Hackbällchen in die Pfanne geben und etwa 5 Minuten von allen Seiten anbraten, bis sie gut gebräunt sind.
5. Die Bratpfanne in den Backofen stellen und 10 Minuten garen, bis die Hackbällchen durchgegart sind. Mit Soße und garniert mit frischer Minze servieren.

Tipp

Die Hackbällchen schmecken auch zubereitet mit Schweinehack oder Lammhack oder einer Mischung aus Schweine-, Lamm- und/oder Rinderhack gut.

KCAL: 359 | F: 23 g | E: 34 g | KH GESAMT: 2,3 g | BS: 0,3 g | KH NETTO: 2 g

KH NETTO:

4 g

Rumpsteaks mit cremiger Blauschimmelkäse-Dijon-Soße

OHNE EI · OHNE NÜSSE

Ergibt 4 Portionen · Zubereitungszeit: 10 Minuten · Garzeit: 15 Minuten

Weshalb sollten Sie im Steakrestaurant viel Geld ausgeben, wenn Sie zu Hause selbst ein perfekt gegartes, köstliches Steak zubereiten können? Die cremige Soße aus diesem Rezept passt auch gut zu Brokkoli oder Rosenkohl.

Zutaten

4 Rumpsteaks (à 225 g) oder Steaks nach Wahl ohne Knochen (siehe Tipp)

2 EL Olivenöl

Meersalz und gemahlener schwarzer Pfeffer

Für die cremige Soße:

240 g Konditorsahne

75 g Dijonsenf

40 g Blauschimmelkäse, zerkrümelt

3 Knoblauchzehen, fein gehackt

2 TL gefriergetrocknete Zwiebel

Zum Garnieren:

40 g Blauschimmelkäse, zerkrümelt

1 TL frischer Schnittlauch, in Röllchen geschnitten

Zubereitung

1. Steaks von beiden Seiten mit Olivenöl beträufeln und großzügig mit Salz und Pfeffer würzen.
2. Für die cremige Soße Konditorsahne, Dijonsenf, Blauschimmelkäse, Knoblauch und gefriergetrocknete Zwiebeln in einem Topf verrühren und bei mittlerer Hitze erhitzen. So lange köcheln, bis der Käse geschmolzen ist und die Soße etwas eingedickt ist, dann die Hitze auf niedrigste Stufe verringern.
3. Eine Grillpfanne oder große Bratpfanne bei mittlerer bis starker Hitze erhitzen. Werden die Steaks 4–6 Minuten von jeder Seite in der heißen Pfanne scharf angebraten, werden sie medium-rare, oder Sie braten sie bis zum gewünschten Garpunkt weiter.
4. Vor dem Servieren ein Viertel der Soße über jedes Steak geben und mit einem Viertel Blauschimmelkäse und Schnittlauch garnieren.

Tipp

Das beste Ergebnis erhalten Sie, wenn die Steaks vor dem Anbraten Zimmertemperatur haben.

KCAL: 860 | F: 71 g | E: 54 g | KH GESAMT: 4 g | BS: 0 g | KH NETTO: 4 g

KH NETTO:
7 g

Taco-Bowls mit Fisch

OHNE MILCH · OHNE EI · OHNE NÜSSE · PALÄO

Ergibt 4 Portionen · Zubereitungszeit: 15 Minuten · Garzeit: 6 Minuten

Dieses Rezept ist mein persönliches Fest für alle Sinne. Das Auge isst ja bekanntermaßen mit und es ist wirklich so, dass schön anzusehendes Essen auch für den Gaumen verlockender ist. Im Sommer gehört dieses Gericht zu meinen Lieblingsessen, denn es ist leicht und liegt nicht schwer im Magen. Dazu serviere ich gern einen Beilagensalat mit Avocado-Ranch-Dressing (S. 142) oder Gurkensoße (S. 144).

Zutaten

675 g Kabeljau- oder Heilbuttfilets, aus Wildfang

3 EL Olivenöl

2 EL Taco-Würzmischung (S. 138)

650 g Blumenkohlreis mit Frühlingszwiebel und Limette (S. 110), warm

1 gelbe Paprika, fein gestiftelt

1 Jalapeño, in Scheiben (optional)

1 Avocado, geschält, entkernt und in Scheiben

225 g Cherrytomaten, halbiert

120 g Rotkohl, gehobelt

40 g schwarze Oliven, in Scheiben

Meersalz und gemahlener schwarzer Pfeffer (optional)

frischer Koriander, zerzupft, zum Garnieren (optional)

Limettenviertel, zum Servieren

Zubereitung

1. Den Fisch in vier gleichgroße Stücke schneiden. Fisch, Olivenöl und Taco-Würzmischung in eine große Schüssel geben und vorsichtig schwenken, um alles zu vermengen. Zum Marinieren beiseitestellen und die Taco-Bowls vorbereiten.
2. Den Blumenkohlreis gleichmäßig auf 4 Schalen aufteilen. Jeweils ein Viertel von Paprika, Jalapeño, Avocado, Tomaten, Rotkohl und Oliven im Kreis auf dem Blumenkohl anrichten und in der Mitte Platz für den Fisch lassen.
3. Eine Grillpfanne oder große Bratpfanne bei mittlerer Hitze erhitzen. Den Fisch in die heiße Pfanne geben und etwa 3 Minuten pro Seite braten, bis er gebräunt ist und leicht zerfällt. Ein kleines Stück Fisch probieren und nach Geschmack mit Salz und Pfeffer würzen.
4. Jeweils ein Stück Fisch in die Mitte der 4 Schalen geben. Falls gewünscht mit Koriander garnieren und mit einem Limettenviertel servieren.

Tipp

Damit dieses Gericht völlig ohne Milchprodukte auskommt und Paläo-geeignet ist, verwenden Sie bei der Zubereitung des Blumenkohlreis Olivenöl anstelle von Butter.

KCAL: 370 | F: 21 g | E: 36 g | KH GESAMT: 13 g | BS: 6 g | KH NETTO: 7 g

KH NETTO:
2,5 g

Kräuter-Hähnchen mit Pilzen

OHNE MILCH · OHNE EI · OHNE NÜSSE · PALÄO

Ergibt 4 Portionen · Zubereitungszeit: 10 Minuten · Garzeit: 30 Minuten

Dieses Gericht mit Hähnchen und Pilzen ist derart lecker, saftig und aromatisch, dass es kaum zu glauben ist, dass seine Zubereitung so schnell geht. Jedes Rezept, das günstige Zutaten enthält, bei dem nur eine Pfanne schmutzig wird, das so schnell und einfach in der Zubereitung und dennoch unglaublich köstlich ist, muss man einfach lieben.

Zutaten

8 Hähnchenoberkeulen, mit Haut und Knochen (ca. 900 g)

2 TL Meersalz

½ TL gemahlener schwarzer Pfeffer

4 TL getrockneter Oregano, aufgeteilt

4 TL getrockneter Rosmarin, aufgeteilt

4 TL getrockneter Thymian, aufgeteilt

2 EL Olivenöl

225 g braune Champignons, geviertelt

240 ml Hühnerbrühe

2 EL Dijonsenf

2 Knoblauchzehen, fein gehackt

frische glatte Petersilie, zerzupft, zum Garnieren (optional)

Zubereitung

1. Den Backofen auf 200 °C vorheizen.
2. Das Hähnchenfleisch von beiden Seiten mit Salz, Pfeffer und jeweils 2 TL Oregano, Rosmarin und Thymian würzen.
3. Olivenöl bei mittlerer Hitze in einer großen gusseisernen oder anderen ofenfesten Bratpfanne erhitzen. Die Hähnchenoberkeulen mit der Hautseite nach unten in die heiße Pfanne legen und 5–6 Minuten anbraten, bis die Haut schön knusprig ist.
4. Das Fleisch umdrehen und die Bratpfanne in den Backofen stellen. 15–20 Minuten garen, bis das Hähnchen vollständig durchgegart ist.
5. Die Bratpfanne wieder auf den Herd stellen, das Fleisch herausnehmen und auf einen Teller legen. Den Teller abdecken und das Fleisch warmhalten.
6. Champignons in die Pfanne geben und bei mittlerer Hitze 5 Minuten braten, bis sie ihre Flüssigkeit abgegeben haben und weich sind.
7. Hühnerbrühe, Dijonsenf, Knoblauch und die restlichen getrockneten Kräuter dazugeben und weitere 3 Minuten köcheln, bis die Brühe etwas einreduziert ist.
8. Das Hähnchen auf Teller verteilen und mit der Soße anrichten. Falls gewünscht, mit frischer Petersilie garnieren.

KCAL: 392 | F: 30 g | E: 30 g | KH GESAMT: 4,3 g | BS: 1,8 g | KH NETTO: 2,5 g

KH NETTO:
3,3 g

Parmesan-Hähnchen aus der Pfanne

OHNE EI · OHNE NÜSSE

Ergibt 4 Portionen · Zubereitungszeit: 10 Minuten · Garzeit: 30 Minuten

Dieses Parmesan-Hähnchen schmeckt derart gut, dass Sie die traditionelle Panade überhaupt nicht vermissen werden. Auch für das Vorkochen eignet sich das Rezept fantastisch, da es sich gut wieder aufwärmen lässt. Ich empfehle das Aufwärmen im Backofen bei 135 °C, bis es vollständig warm ist.

Zutaten

675 g Hähnchenbrüste, ohne Knochen, ohne Haut

Meersalz und gemahlener schwarzer Pfeffer

2 EL Olivenöl

240 ml Marinara- oder Napolisoße

150 g Mozzarella, gerieben

1 TL italienische Kräuter

30 g Parmesan, gerieben

frischer Basilikum, zum Garnieren

Zubereitung

1. Den Backofen auf 175 °C vorheizen.
2. Das Hähnchen von beiden Seiten großzügig mit Salz und Pfeffer würzen.
3. Olivenöl bei mittlerer bis starker Hitze in einer großen gusseisernen oder anderen ofenfesten Bratpfanne erhitzen. Das Fleisch in die heiße Pfanne geben und scharf anbraten, bis es auf einer Seite gebräunt ist.
4. Das Hähnchen umdrehen und Marinara-Soße, Mozzarella und italienische Kräuter darüber verteilen. Die Bratpfanne in den Backofen stellen und etwa 20 Minuten garen, bis das Hähnchen vollständig durchgegart ist.
5. Mit Parmesan bestreuen und weitere 5 Minuten im Backofen garen.
6. Vor dem Servieren mit frischem Basilikum garnieren.

Tipp

Achten Sie darauf, dass die fertige Tomatensoße nur echte Zutaten enthält, also nur Gemüse und Kräuter. Ein paar Low-Carb-Varianten der Marinara-Soße finden Sie auf meiner Website www.peaceloveandlowcarb.com (nur auf Englisch verfügbar).

KCAL: 451 | F: 16 g | E: 55 g | KH GESAMT: 3,8 g | BS: 0,5 g | KH NETTO: 3,3 g

Garnelen-Piccata

KH NETTO:
2,2 g

OHNE EI · OHNE NÜSSE

Ergibt 4 Portionen · Zubereitungszeit: 15 Minuten · Garzeit: 8 Minuten

Vielleicht haben Sie schon einmal Hähnchen-Piccata gegessen oder auch Piccata mit Schweinefleisch – aber haben Sie sie schon mal mit Garnelen probiert? Wenn nicht, können Sie sich darauf freuen. Die Garnelen-Piccata ist unglaublich frisch und leicht und ich serviere sie gern mit Blumenkohlreis mit Frühlingszwiebel und Limette (S. 110) und grünem Salat.

Zutaten

450 g Garnelen (ca. 26–30 Stück)

Meersalz und gemahlener schwarzer Pfeffer

45 g Butter

3 Knoblauchzehen, fein gehackt

80 ml Hühnerbrühe

3 EL Kapern

1 EL frische glatte Petersilie, gehackt

1 EL frischer Zitronensaft

1 TL geriebene Zitronenschale

Zitronenscheiben, zum Servieren (optional)

Zubereitung

1. Schale und Darm der Garnelen entfernen, dann abspülen und trockentupfen. Großzügig mit Salz und Pfeffer würzen und beiseitestellen.
2. Butter bei mittlerer Hitze in einer großen Bratpfanne erhitzen. Knoblauch in die heiße Pfanne geben und etwa 2 Minuten anbraten, bis er zu duften beginnt.
3. Garnelen in die Pfanne geben und braten, bis sie rötlich werden und fast gar sind. Sie sollten noch nicht vollständig durchgegart werden, da sie später wieder in die Pfanne kommen. Garnelen mit einem Schöpflöffel aus der Pfanne nehmen und beiseitestellen.
4. Hühnerbrühe in die Pfanne geben und mit einem hitzebeständigen Spatel angebratene Reste vom Pfannenboden kratzen. Kapern, Petersilie, Zitronensaft und Zitronenschale dazugeben und unterrühren.
5. Garnelen wieder in die Pfanne geben und garen, bis sie vollständig durchgegart sind. Falls gewünscht, mit Zitronenscheiben servieren.

KCAL: 182 | F: 10 g | E: 20 g | KH GESAMT: 2,5 g | BS: 0,3 g | KH NETTO: 2,2 g

KH NETTO:
6,2 g

Hacksteak

OHNE MILCH · OHNE NÜSSE

Ergibt 4 Portionen · Zubereitungszeit: 15 Minuten · Garzeit: 25 Minuten

Wenn ich an Hacksteak denke, kommen mir als Erstes die Fertiggerichte in Aluschalen aus den 1980er-Jahren in den Sinn, die aus einem Hacksteak, Instant-Kartoffelpüree, Mais und gebratenem Apfel mit Zucker und Zimt als Nachtisch bestanden. Ich verspreche Ihnen, dass dieses Rezept viel sättigender und gesünder ist! Ich habe immer wieder für mich festgestellt, dass das Geheimnis für eine langfristig kohlenhydratarme und ketogene Ernährungsweise darin liegt, wie kreativ man das Essen umgestaltet, und nicht darin, dass man alles weglässt. Meine Mission ist, traditionelles Essen für die Seele mit echten Nahrungsmitteln in gesunde Versionen zu verwandeln.

Zutaten

Für das Hacksteak:

675 g Rinderhack

1 großes Ei

2 Knoblauchzehen, fein gehackt

1 kleine Zwiebel, gewürfelt (ca. 75 g)

3 EL zuckerreduzierter Ketchup

1 EL plus 1 TL Dijonsenf

2 TL Rinderbrühpulver oder 2 Rinderbrühwürfel, zerdrückt

2 TL Worcestershiresauce

1 EL Olivenöl

Für die Soße:

2 Knoblauchzehen, fein gehackt

1 kleine Zwiebel, gewürfelt (ca. 75 g)

480 ml Rinderbrühe

15 g Kokosmehl

1 EL Dijonsenf

½ TL Meersalz

¼ TL gemahlener schwarzer Pfeffer

225 g braune Champignons, in dünnen Scheiben

2 EL frische glatte Petersilie, gehackt, plus mehr zum Garnieren (optional)

Zubereitung

1. Für die Hacksteaks Rinderhack, Ei, Knoblauch, Zwiebeln, Ketchup, Dijonsenf, Rinderbrühe und Worcestershiresauce in eine große Schüssel geben. Gut mit den Händen vermengen und sechs gleichgroße ovale Frikadellen formen.
2. Olivenöl bei mittlerer bis starker Hitze in einer großen Bratpfanne erhitzen. Die Hacksteaks in die Pfanne geben und etwa 3 Minuten pro Seite anbraten, bis sie gebräunt sind. Aus der Pfanne nehmen, auf einen Teller legen und warmhalten. Die Bratflüssigkeit in der Pfanne lassen.
3. Für die Soße die Hitze auf mittlere Hitze reduzieren, Knoblauch und Zwiebel in die Pfanne geben und etwa 5 Minuten braten, bis der Knoblauch duftet und die Zwiebeln glasig sind.

KCAL: 357 | F: 17g | E: 39g | KH GESAMT: 8,5g | BS: 2,3g | KH NETTO: 6,2g

4. Rinderbrühe dazugeben und mit einem hitzebeständigen Spatel angebratene Reste vom Pfannenboden kratzen.
5. Kokosmehl, Dijonsenf, Salz und Pfeffer unter ständigem Rühren dazugeben. Champignons und Petersilie in die Brühe geben und 5 Minuten köcheln, dabei gelegentlich umrühren.
6. Hitze auf niedrigste Stufe verringern und die Hacksteaks in die Pfanne geben. 5–7 Minuten garen, bis die Steaks heiß sind und die Soße eingedickt ist. Falls gewünscht, vor dem Servieren mit Petersilie garnieren.

Kohlsteaks mit Hähnchen

KH NETTO: **4,8 g**

OHNE EI · OHNE NÜSSE

Ergibt 6 Portionen · Zubereitungszeit: 15 Minuten · Garzeit: 30 Minuten

Diese Kohlsteaks serviere ich gern in der Football-Saison, wenn wir das Haus voller Seahawks-Fans haben, die ihre Mannschaft anfeuern. Sie sind schnell und einfach zubereitet und schmecken jedem.

Zutaten

1 Kopf Weißkohl

2 EL Olivenöl

Meersalz und gemahlener schwarzer Pfeffer

30 g Butter

240 ml Buffalo Wing Sauce

690 g Brathähnchen, zerzupft

75 g Blauschimmelkäse, zerkrümelt

2 Stangen Sellerie, in Scheiben

2 Frühlingszwiebeln, in Ringen, zum Garnieren (optional)

Zubereitung

1. Den Backofen auf 220 °C vorheizen. Ein Backblech mit Backpapier oder einer Backmatte aus Silikon auslegen.
2. Den Kohlkopf quer zum Strunk in 6 gleiche Scheiben schneiden, dabei oben beginnen und sich dem Strunk nähern. Die Kohlscheiben in einer Lage auf das vorbereitete Backblech legen.
3. Den Kohl mit Olivenöl beträufeln und großzügig mit Salz und Pfeffer würzen. 30 Minuten im Backofen garen, nach der Hälfte der Zeit einmal wenden.
4. Währenddessen die Butter bei mittlerer bis geringer Hitze in einem Topf erhitzen. Die Buffalo Sauce zur geschmolzenen Butter geben und mit dem Schneebesen verrühren. Das Hähnchenfleisch dazugeben und unterheben. Die Hitze auf niedrigste Stufe verringern und warmhalten, bis der Kohl fertig ist.
5. Auf jede Kohlscheibe 115 g der Hähnchenmischung geben, dann etwas Blauschimmelkäse, Sellerie und Frühlingszwiebeln, falls verwendet.

KCAL: 269 | F: 15 g | E: 16 g | KH GESAMT: 9 g | BS: 4,2 g | KH NETTO: 4,8 g

KH NETTO:
6 g

Zucchini-Spaghetti mit cremiger Pestosoße

OHNE EI · OHNE NÜSSE

Ergibt 4 Portionen · Zubereitungszeit: 10 Minuten (plus Zeit zum Salzen der Zucchini)
Garzeit: 10 Minuten

Ich liebe die Einfachheit dieses Rezepts. Auch wenn es nur 10 Minuten gekocht wird, hat es dieselben starken und vielfältigen Aromen wie ein Gericht, das stundenlang zubereitet und gekocht wurde. Soll es mehr Eiweiß enthalten, servieren Sie dazu Hähnchen vom Grill oder auch Garnelen.

Zutaten

2 große Zucchini, in Spiralen geschnitten

2 TL Meersalz

Für die cremige Pestosoße:

115 g Parmesan, gerieben

120 g Konditorsahne

2 EL Pesto

¼ TL gemahlener schwarzer Pfeffer

Zum Garnieren:

30 g Pinienkerne

30 g getrocknete Tomaten, gehackt

frische Basilikumblätter

Tipp

Pinienkerne sind Samen und keine Nüsse, weshalb dieses Rezept mit »ohne Nüsse« gekennzeichnet ist. Bei einer Allergie oder Unverträglichkeit gegen Pinienkerne sollten Sie das Rezept besser weglassen.

Zubereitung

1. Die Zucchini-Spaghetti in einer Lage auf mehreren Lagen Küchenpapier auslegen. Mit Meersalz bestreuen und 10–15 Minuten ruhen lassen. Das Salz entzieht den Zucchini-Spaghetti überschüssige Flüssigkeit, damit sie die Soße nicht verwässern. Haben die Spaghetti genug Flüssigkeit abgegeben, eine Lage Küchenpapier oben auf die Zucchini-Spaghetti legen und die überschüssige Flüssigkeit abtupfen. Zucchini-Spaghetti beiseitelegen.
2. Dann die Soße zubereiten. Dafür Parmesan, Konditorsahne, Pesto und Pfeffer in einen Topf geben und bei mittlerer Hitze erhitzen. Etwa 7 Minuten unter häufigem Rühren köcheln, bis der Käse geschmolzen ist und die Soße eindickt.
3. Zucchini-Spaghetti in die Soße geben und unterheben. 2–3 Minuten erhitzen, bis die Spaghetti weich, aber nicht matschig sind.
4. Die Spaghetti auf einen Teller geben und mit Pinienkernen, getrockneten Tomaten und Basilikumblättern garnieren.

KCAL: 302 | F: 25 g | E: 12 g | KH GESAMT: 9 g | BS: 3 g | KH NETTO: 6 g

Beilagen

Gebratener Rosenkohl mit cremigem Dijon-Dressing / 108

Blumenkohlreis mit Frühlingszwiebel und Limette / 110

Zucchini-Gratin mit Käse / 112

Gebratener grüner Spargel mit Pilzen und Speck / 114

Blumenkohlsteaks mit Speck-Käse-Soße / 116

Gebratene grüne Bohnen mit Schinken / 118

Blumenkohlpüree mit Kräuter-Ziegenfrischkäse / 120

KH NETTO:
5,5 g

Gebratener Rosenkohl mit cremigem Dijon-Dressing

OHNE EI · OHNE NÜSSE

Ergibt 8 Portionen · Zubereitungszeit: 10 Minuten · Garzeit: 10 Minuten

Nein, dies ist nicht der matschige, totgekochte Rosenkohl, den wir als Kinder essen mussten. Zumindest wurde er in meiner Kindheit bei uns zu Hause so serviert. Wird Rosenkohl gebraten oder im Backofen gegart, geht dabei das Meiste seiner bekannten bitteren Note verloren und er wird auch nicht matschig. Die Kombination aus Rosenkohl und der cremigen Dijon-Cider-Soße ist eine himmlische Verbindung. Wie süßer Senf, nur ohne die zusätzlichen Kohlenhydrate aus dem Zucker. Lecker!

Zutaten

2 EL Olivenöl

900 g frischer Rosenkohl, geviertelt

Meersalz und gemahlener schwarzer Pfeffer

Für die Soße:

120 g Sour Cream, vollfett

3 EL Dijonsenf

1 EL Apfelessig

2 TL Erythrit, als Pulver

Zubereitung

1. Olivenöl bei mittlerer bis starker Hitze in einer großen Bratpfanne erhitzen. Rosenkohl in die Pfanne geben und großzügig mit Salz und Pfeffer würzen. Etwa 10 Minuten braten, bis der Rosenkohl von allen Seiten gut gebräunt ist und noch Biss hat.
2. Währenddessen die Soße zubereiten. Dafür Sour Cream, Dijonsenf, Essig und Erythrit in einer großen Schüssel verrühren.
3. Rosenkohl vor dem Servieren unter das Dressing heben. Reste sind im Kühlschrank maximal eine Woche haltbar.

Tipp

Die Soße passt auch gut als Dressing zu gehobeltem Rosenkohl als kaltem Salat.

KCAL: 110 | F: 7g | E: 4g | KH GESAMT: 10g | BS: 4,5g | KH NETTO: 5,5g | ERYTHRIT: 1,3g

KH NETTO:
4,8 g

Blumenkohlreis mit Frühlingszwiebel und Limette

OHNE MILCH · OHNE EI · OHNE NÜSSE · PALÄO

Ergibt 6 Portionen · Zubereitungszeit: 10 Minuten · Garzeit: 23 Minuten

Dieses Rezept für Blumenkohlreis ist wahrscheinlich mein liebstes Beilagenrezept in diesem Buch. Es ist einfach, steckt jedoch voller Aromen und passt zu vielen Hauptgerichten. Ich serviere den Blumenkohlreis am liebsten zu den griechischen Hackbällchen (S. 88), den Taco-Bowls mit Fisch (S. 92) und der Garnelen-Piccata (S. 98). Sehen Sie? Er passt zu fast allem! Ich bereite auch gern die doppelte oder dreifache Rezeptmenge zu und friere den Reis in Einzelportionen ein, damit ich ihn für schnelle und einfache Abendessen unter der Woche einfach nur noch aufwärmen muss.

Zutaten

30 g Butter oder 2 EL Olivenöl

6 Frühlingszwiebeln, in Scheiben, weißer und grüner Teil der Stängel separat

1 kleine weiße Zwiebel, gewürfelt (ca. 75 g)

4 Knoblauchzehen, fein gehackt

600 g Blumenkohlreis (z. B. mit der Küchenmaschine auf Reiskorngröße zerkleinerter Blumenkohl)

1 EL abgeriebene Limettenschale

Saft von ½ Limette

1½ TL Meersalz

¼ TL gemahlener schwarzer Pfeffer

120 ml Hühnerbrühe

Limettenachtel, zum Servieren

Zubereitung

1. Butter bei mittlerer Hitze in einer großen Bratpfanne erhitzen. Die weißen Teile der Frühlingszwiebeln, weiße Zwiebel und Knoblauch dazugeben und etwa 5 Minuten anbraten, bis der Knoblauch duftet und die Zwiebeln glasig sind.
2. Blumenkohlreis, Limettenschale, Limettensaft, Salz und Pfeffer dazugeben und etwa 10 Minuten braten, bis der Blumenkohl zart ist.
3. Hühnerbrühe hinzufügen und weitere 8 Minuten unter häufigem Rühren kochen, bis die Brühe verkocht ist und der Reis weich, aber nicht matschig ist.
4. Die grünen Teile der Frühlingszwiebeln unterheben und mit Limettenachteln servieren.

Tipps

Eine köstliche Variante dieses Gerichts ist die Zubereitung mit Koriander anstelle von Frühlingszwiebeln.

Damit der Blumenkohlreis keine Milchprodukte enthält und Paläo-geeignet ist, verwenden Sie Olivenöl anstelle von Butter.

KCAL: 75 | F: 4g | E: 3g | KH GESAMT: 7,5g | BS: 2,7g | KH NETTO: 4,8g

be merry - eat, drink &

KH NETTO:
4 g

Zucchini-Gratin mit Käse

OHNE EI · OHNE NÜSSE

Ergibt 8 Portionen · Zubereitungszeit: 10 Minuten · Garzeit: 30 Minuten

Die Soße dieses Zucchini-Gratins erinnert mich an gut zubereitete Makkaroni mit Käse. Ein Gratin ist eine tolle Möglichkeit, Gemüsereste zu verwerten oder Gemüse aus dem Kühlschrank zu verbrauchen, das bald wegmuss. Die Käsesoße passt perfekt zu so gut wie jedem kohlenhydratarmen Gemüse.

Zutaten

30 g Butter oder Ghee

1 kleine Zwiebel, halbiert und in dünnen Scheiben

3 Knoblauchzehen, fein gehackt

4 mittelgroße Zucchini (ca. 20 cm lang), in Scheiben

1 TL Meersalz

½ TL gemahlener schwarzer Pfeffer

¼ TL Muskatnuss, gemahlen

Für die Soße:

240 g Konditorsahne

75 g Parmesan, gerieben

30 g Butter

225 g würziger weißer Cheddar, gerieben, aufgeteilt

Zubereitung

1. Butter bei mittlerer Hitze in einer großen Bratpfanne erhitzen. Zwiebeln und Knoblauch dazugeben und etwa 5 Minuten anbraten, bis die Zwiebel glasig ist und der Knoblauch duftet.
2. Den Backofen auf 220 °C vorheizen.
3. Zucchini, Salz, Pfeffer und Muskatnuss in die Pfanne geben und etwa 5 Minuten braten, bis die Zucchini weich wird, aber noch Biss hat.
4. Währenddessen die Soße zubereiten. Dafür Konditorsahne, Parmesan und Butter in eine mikrowellenfeste Schüssel geben. In der Mikrowelle erhitzen, bis die Sahne warm ist und die Butter geschmolzen. (Oder Konditorsahne, Parmesan und Butter in einem kleinen Topf bei mittlerer bis geringer Hitze auf dem Herd erwärmen.)
5. Die Hälfte der Zucchinimischung in eine Auflaufform (ca. 25 cm groß) geben. Darauf die Hälfte des Cheddar streuen und dann die restlichen Zucchini darübergeben. Mit der Sahnemischung begießen und mit dem restlichen Cheddar bestreuen.
6. 20 Minuten im Backofen garen, bis das Gratin goldbraun ist und oben Blasen wirft. Reste sind im Kühlschrank maximal eine Woche haltbar.

Tipp

Statt des Parmesan- und Cheddarkäses können Sie auch andere Käsesorten verwenden, die Sie mögen. Ich selbst mag auch gern die Mischung aus Pepper Jack (einer Art Chilikäse) und Mozzarella.

KCAL: 285 | F: 25 g | E: 9 g | KH GESAMT: 5,3 g | BS: 1,3 g | KH NETTO: 4 g

KH NETTO: **2,7 g**

Gebratener grüner Spargel mit Pilzen und Speck

OHNE MILCH · OHNE EI · OHNE NÜSSE · PALÄO

Ergibt 4 Portionen · Zubereitungszeit: 10 Minuten · Garzeit: 20 Minuten

Speckfett sollten Sie nicht entsorgen, denn Sie können es zum Braten wiederverwenden. Wenn wir Frühstücksspeck braten, bewahren wir das ausgelassene Fett in einem Schraubdeckelglas auf und braten darin Gemüse und Eier. Köstlich!

Zutaten

4 Scheiben Frühstücksspeck, gewürfelt

115 g Champignons, in dünnen Scheiben

2 Knoblauchzehen, fein gehackt

450 g grüner Spargel, holzige Enden entfernt

Meersalz und gemahlener schwarzer Pfeffer (optional)

Zubereitung

1. Frühstücksspeck bei mittlerer Hitze in einer großen Bratpfanne knusprig braten. Mit einem Schöpflöffel aus der Pfanne nehmen und beiseitelegen.
2. Champignons und Knoblauch in das heiße Speckfett geben. Etwa 5 Minuten braten, bis die Pilze weich werden und Flüssigkeit abgegeben haben.
3. Spargelstangen und gebratenen Frühstücksspeck zu den Pilzen geben und etwa 10 Minuten braten, sodass der Spargel noch bissfest ist. Probieren und falls gewünscht mit Salz und Pfeffer würzen.

Tipp

Auch mit Brokkoli zubereitet schmeckt dieses Gericht unglaublich lecker.

KCAL: 71 | F: 3g | E: 7g | KH GESAMT: 5,5g | BS: 2,8g | KH NETTO: 2,7g

Blumenkohlsteaks mit Speck-Käse-Soße

KH NETTO: **5,1 g**

OHNE EI · OHNE NÜSSE

Ergibt 6 Portionen · Zubereitungszeit: 10 Minuten (Bratzeit für den Frühstücksspeck nicht eingerechnet) · Garzeit: 25 Minuten

Womit werden gebratene Blumenkohlsteaks noch leckerer? Natürlich mit Käse und Frühstücksspeck! Womit wird einfach alles leckerer? Natürlich mit Käse und Frühstücksspeck!

Zutaten

1 großer Kopf Blumenkohl

2 EL Olivenöl

Meersalz und gemahlener schwarzer Pfeffer

Für die Soße:

180 g Konditorsahne

300 g würziger Cheddar, gerieben

2 Knoblauchzehen, fein gehackt

1 EL Dijonsenf

1 TL Chilisauce

½ TL Meersalz

¼ TL gemahlener schwarzer Pfeffer

8 Scheiben Frühstücksspeck, knusprig gebraten und gewürfelt

4 Frühlingszwiebeln, in Scheiben

Zubereitung

1. Den Backofen auf 220 °C vorheizen. Ein Backblech mit Backpapier oder einer Backmatte aus Silikon auslegen.
2. Blumenkohl quer in 6 gleich große Scheiben oder »Steaks« schneiden (oben anfangen und sich dem Strunk nähern). Blumenkohlsteaks in einer Lage auf das Backblech legen, mit dem Olivenöl beträufeln und großzügig mit Salz und Pfeffer würzen.
3. 15 Minuten im Backofen garen, dann umdrehen und weitere 5–10 Minuten garen, bis der Blumenkohl weich mit leichtem Biss ist und an den Seiten braun wird.
4. Währenddessen die Soße zubereiten. Dafür Konditorsahne, Cheddar, Knoblauch, Dijonsenf, Chilisauce, Salz und Pfeffer bei mittlerer Hitze in einem großen Topf erhitzen. Ständig rühren, bis der Käse geschmolzen ist und sich die Zutaten gut vermischt haben, dann die Hitze auf geringste Stufe verringern und gelegentlich umrühren, während der Blumenkohl zu Ende gart.
5. Blumenkohlsteaks vor dem Servieren mit Käsesoße, Frühstücksspeck und Frühlingszwiebeln anrichten.

Zeitspartipp

Braten Sie eine größere Portion Frühstücksspeck, damit Sie reichlich fertigen Speck für Rezepte wie dieses griffbereit haben.

KCAL: 332 | F: 29g | E: 14g | KH GESAMT: 7,3g | BS: 2,2g | KH NETTO: 5,1g

KH NETTO:
3,8 g

Gebratene grüne Bohnen mit Schinken

OHNE MILCH · OHNE EI · OHNE NÜSSE · PALÄO

Ergibt 6 Portionen · Zubereitungszeit: 10 Minuten · Garzeit: 8 Minuten

Kann eine Beilage noch schneller zubereitet werden als mit nur etwa 8 Minuten Garzeit? Ich verrate Ihnen noch ein kleines Geheimnis: Mit der Speck-Käse-Soße aus dem Rezept für Blumenkohlsteaks auf S. 116 schmecken die grünen Bohnen einfach fantastisch.

Zutaten

2 EL Olivenöl

450 g frische grüne Bohnen, Enden abgetrennt

225 g Kochschinken, gewürfelt

1 EL gefriergetrocknete Zwiebel

½ TL Meersalz

¼ TL gemahlener schwarzer Pfeffer

Zubereitung

1. Olivenöl bei mittlerer bis starker Hitze in einer großen Bratpfanne erhitzen. Grüne Bohnen, Kochschinken, Zwiebel, Salz und Pfeffer in die heiße Pfanne geben.
2. Etwa 8 Minuten braten, sodass die Bohnen noch Biss haben. Reste halten sich im Kühlschrank maximal eine Woche.

KCAL: 113 | F: 7g | E: 8g | KH GESAMT: 6,5g | BS: 2,7g | KH NETTO: 3,8g

KH NETTO:

4,4 g

Blumenkohlpüree mit Kräuter-Ziegenfrischkäse

OHNE EI · OHNE NÜSSE

Ergibt 8 Portionen · Zubereitungszeit: 15 Minuten · Garzeit: 30 Minuten

Es ist nicht leicht, einen Berg Blumenkohlpüree hübsch aussehen zu lassen, aber vertrauen Sie mir: Es ist wahnsinnig köstlich. Sie brauchen keine Bratensoße und auch keine andere Soße dazu, denn es ist bereits pur unglaublich aromatisch. Dieses Rezept ist das Endergebnis meiner Versuche, den Geschmack und die Konsistenz von echtem Kartoffelpüree zu imitieren, denn es kommt ihm schon sehr nahe. Es ist perfekt für ein Low-Carb-Festtagsessen oder aber auch einen beliebigen Wochentag.

Zutaten

1 großer Kopf Blumenkohl

Meersalz und gemahlener schwarzer Pfeffer

115 g frischer Ziegenfrischkäse

75 g Parmesan, gerieben

120 g Konditorsahne

60 g Sour Cream, vollfett

55 g plus 30 g Butter, aufgeteilt

3 Knoblauchzehen, fein gehackt

2 EL frischer Schnittlauch, gehackt, plus mehr zum Garnieren

1 EL frische glatte Petersilie, gehackt, plus mehr zum Garnieren

1 TL frischer Dill, gehackt, plus mehr zum Garnieren

1 Prise Chiliflocken (optional)

Zubereitung

1. Den Backofen auf 220 °C vorheizen. Ein Backblech mit Backpapier oder einer Backmatte aus Silikon auslegen.
2. Den Blumenkohl in Röschen vom Strunk schneiden. Die Röschen in einer Lage auf das vorbereitete Backblech legen und großzügig mit Salz und Pfeffer würzen.
3. Den Blumenkohl 20–30 Minuten im Backofen garen, bis er weich ist.
4. Gebackenen Blumenkohl, Ziegenfrischkäse, Parmesan, Konditorsahne, Sour Cream, 55 g Butter, Knoblauch, Schnittlauch, Petersilie, Dill und Chiliflocken (falls verwendet) in eine Küchenmaschine geben. Mit der Pulse-Funktion zerkleinern, bis eine weiche und lockere Masse entsteht. Probieren und falls gewünscht mehr Salz und Pfeffer hinzufügen.
5. Die restlichen 30 g Butter auf das Püree geben und vor dem Servieren mit den frischen Kräutern garnieren. Reste sind im Kühlschrank maximal eine Woche haltbar.

KCAL: 236 | F: 21 g | E: 8 g | KH GESAMT: 7 g | BS: 2,6 g | KH NETTO: 4,4 g

SÜSSE Köstlichkeiten

Chocolate Chip Cookies für zwei / 124

Heidelbeer-Käseküchlein / 126

Double Chocolate Brownies ohne Mehl / 128

Zitronenmousse / 130

Weiches Sesam-Shortbread / 132

Kürbis-Cheesecake-Mousse / 134

Avocado-Schokopudding/ 135

KH NETTO:
2,5 g

Chocolate Chip Cookies für zwei

OHNE EI

Ergibt: 2 Cookies (1 pro Portion) · Zubereitungszeit: 5 Minuten · Garzeit: 20 Minuten

Die Cookies für zwei sind perfekt für einen romantischen Low-Carb-Abend oder für einen der Tage, an dem der Heißhunger auf Süßes gnadenlos zuschlägt. Sie sind ein Naschvergnügen ohne Reue. Ich esse die Cookies am liebsten frisch aus dem Backofen, mit einem Klecks frischer Schlagsahne drauf (siehe S. 130).

Zutaten

30 g helles Mandelmehl
30 g Butter, weich
30 g Erythrit, als Granulat
½ TL reines Vanilleextrakt
1 Prise Meersalz
30 g zuckerfreie Schokotropfen, zartbitter

Zubereitung

1. Den Backofen auf 175 °C vorheizen. Zwei kleine Auflaufförmchen (10 cm Durchmesser) leicht einfetten.
2. Mandelmehl, Butter, Erythrit, Vanilleextrakt und Salz in eine kleine Schüssel geben. Gut mit der Hand verkneten, dann die Schokotropfen in den Teig einarbeiten.
3. Den Teig gleichmäßig auf die Förmchen verteilen und die Förmchen auf ein Backblech stellen. 20 Minuten backen, bis sie oben goldbraun sind. In den Förmchen servieren und mit dem Löffel essen.

KCAL: 207 | F: 21 g | E: 4 g | KH GESAMT: 6 g | BS: 3,5 g | KH NETTO: 2,5 g | ERYTHRIT: 15 g

KH NETTO:
4,5 g

Heidelbeer-Käseküchlein

Ergibt: 12 Käseküchlein (1 pro Portion) · Zubereitungszeit: 10 Minuten · Garzeit: 30 Minuten

Diese kohlehydratarmen Käseküchlein sind unglaublich einfach zuzubereiten und stillen den Appetit auf Süßes. Durch ihre kleine Größe ist es einfacher, die Menge der verzehrten Portionen im Blick zu behalten. Und es fällt leichter, die genaue Portionsgröße zu erkennen. So viel zur Theorie – in der Praxis sind sie manchmal zu lecker, um nur einen zu essen.

Zutaten

Für den Teig:

100 g helles Mandelmehl

15 g Erythrit als Rohrzuckerersatz (siehe Tipps)

55 g gesalzene Butter, geschmolzen

Für die Füllung:

450 g Frischkäse, vollfett, zimmerwarm

2 große Eier

2 TL reines Zitronenextrakt

1 TL reines Vanilleextrakt

115 g Erythrit, als Granulat

Für das Topping:

155 g gefrorene Heidelbeeren

Tipps

Sollten Sie kein Erythrit als Rohrzuckerersatz im Haus haben, können Sie es durch normales Erythrit als Granulat ersetzen oder ganz weglassen.

Am besten schmecken die Cheesecakes, wenn Sie sie einen Tag im Voraus zubereiten und vor dem Servieren 24 Stunden in den Kühlschrank stellen.

Zubereitung

1. Den Backofen auf 175 °C vorheizen. Ein normalgroßes Muffinblech mit 12 Mulden mit Papierförmchen auslegen oder eine Muffinform aus Silikon benutzen.
2. Mandelmehl und Erythrit als Rohrzuckerersatz in einer mittelgroßen Schüssel vermengen. Die geschmolzene Butter dazugeben und unterrühren, bis die Mischung die Konsistenz von feuchtem Sand hat.
3. Die Mischung gleichmäßig auf die 12 Mulden des Muffinblechs verteilen und mit einem Löffel glätten und festdrücken. Den Teig 5 Minuten vorbacken.
4. Währenddessen die Füllung zubereiten. Dafür den Frischkäse in eine große Schüssel geben und mit einem elektrischen Handrührgerät locker aufschlagen.
5. Eier, Zitronenextrakt, Vanilleextrakt und Erythrit-Granulat zum Frischkäse geben und gut unterrühren, bis die Masse glatt ist. Bei Bedarf die Mischung mit einem Teigspatel von den Wänden der Schüssel abkratzen.
6. Die Käseküchlein-Mischung gleichmäßig auf den Teig im Muffinblech verteilen. Wird eine Backform aus Silikon verwendet, diese am besten auf ein Backblech stellen.
7. Die Küchlein 25 Minuten backen, bis sie gestockt sind. In der Mitte werden sie immer noch etwas flüssig und wackelig sein.
8. Währenddessen die Heidelbeeren bei mittlerer bis geringer Hitze in einem kleinen Topf erhitzen. Die Beeren etwas zerdrücken, damit sie Saft abgeben, und den Saft etwas eindicken lassen. Abkühlen lassen.
9. Wenn Käseküchlein und Heidelbeeren abgekühlt sind, jedes Küchlein mit Heidelbeeren belegen. Reste sind im Kühlschrank maximal eine Woche haltbar.

KCAL: 233 | F: 21 g | E: 6 g | KH GESAMT: 6,5 g | BS: 2 g | KH NETTO: 4,5 g | ERYTHRIT: 13 g

yum!

KH NETTO:
1,5 g

Double Chocolate Brownies ohne Mehl

Ergibt: 16 Brownies (1 pro Portion) · Zubereitungszeit: 10 Minuten · Garzeit: 25 Minuten

Einen saftigen, schokoladigen Brownie liebt doch jeder – zumindest ist das meine Erfahrung. Brownies waren schon immer mein Lieblingsnachtisch und sie werden es auch immer bleiben. Die knusprigen Randstücke mag ich am liebsten. Als ich klein war, schlich ich mich in die Küche und schnitt heimlich den gesamten Rand rund um den Brownie ab, damit ich ihn ganz alleine essen konnte. Aber wem will ich hier etwas vormachen? Ich mache das immer noch!

Zutaten

225 g Mandelmus
150 g Erythrit, als Pulver
15 g Kakaopulver, ungesüßt
15 g Erdnussbutterpulver (siehe Tipp)
2 große Eier
30 ml Wasser
15 g gesalzene Butter, geschmolzen
1½ TL reines Vanilleextrakt
1 TL Natron
30 g zuckerfreie Schokotropfen, zartbitter

Zubereitung

1. Den Backofen auf 175 °C vorheizen. Eine quadratische Backform (20 cm × 20 cm) leicht einfetten. Alternativ können Sie sie mit Backpapier auslegen, das Sie an den Seiten ein paar Zentimeter überhängen lassen, damit der Brownie leicht aus der Form gelöst werden kann.
2. Mandelmus, Erythrit, Kakaopulver, Erdnussbutterpulver, Eier, Wasser, geschmolzene Butter, Vanilleextrakt und Natron in eine große Schüssel geben. Gut mit einem elektrischen Handrührgerät verrühren. Die Schokotropfen unterheben.
3. Den Teig in die vorbereitete Form füllen und gleichmäßig verstreichen. 20–25 Minuten backen, bis er in der Mitte fest ist.
4. 15 Minuten in der Form auskühlen lassen, dann in 16 Stücke schneiden und servieren. Reste sind in einem luftdicht verschließbaren Gefäß in der Vorratskammer oder auf der Küchenarbeitsplatte maximal eine Woche haltbar.

Tipp

Sollten Sie in Ihrem Supermarkt kein Erdnussbutterpulver bekommen, können Sie es bei Amazon kaufen. Vermutlich sparen Sie durch den Onlinekauf auch ein paar Euro.

KCAL: 129 | F: 11 g | E: 5 g | KH GESAMT: 4,3 g | BS: 2,8 g | KH NETTO: 1,5 g | ERYTHRIT: 9,4 g

KH NETTO:
3,1 g

Zitronenmousse

OHNE NÜSSE Ergibt 6 Portionen · Zubereitungszeit: 15 Minuten · Garzeit: 6 Minuten

Ich liebe Desserts mit Zitronengeschmack und der hellen, erfrischenden Säure von frischem Zitronensaft. Diese leichte und lockere Mousse ist die perfekte Erfrischung für den Gaumen und schmeckt dennoch unglaublich köstlich.

Zutaten

150 g Erythrit, als Granulat

1 EL abgeriebene Zitronenschale, plus mehr zum Garnieren

80 ml frischer Zitronensaft

2 große Eigelb

115 g Mascarpone

115 g Sour Cream, vollfett

Für die Schlagsahne:

240 g Konditorsahne

1 EL Erythrit, als Pulver

½ TL reines Vanilleextrakt

Zum Garnieren (optional):

Mandelblättchen

Frische Minzblätter

Zubereitung

1. Ein Wasserbad vorbereiten. Dafür eine hitzebeständige Schüssel oben auf den Rand eines Topfes stellen, der etwa 2,5 cm hoch mit Wasser gefüllt ist. Die Schüssel muss über dem Wasser hängen und darf es nicht berühren. Dann das Wasser im Topf zum Köcheln bringen.
2. Erythrit-Granulat, Zitronenschale, Zitronensaft und Eigelb in die Schüssel geben und mit dem Schneebesen verrühren. Etwa 6 Minuten weiterrühren, bis sich das Süßungsmittel aufgelöst hat und die Masse eingedickt ist.
3. Die Schüssel vom Topf nehmen und die Masse etwas abkühlen lassen, dann Mascarpone und Sour Cream unterrühren. Die Schüssel in den Kühlschrank stellen. Währenddessen die Schlagsahne zubereiten.
4. Für die Schlagsahne Konditorsahne, Erythrit-Pulver und Vanilleextrakt in eine große Rührschüssel geben. Mit einem elektrischen Handrührgerät oder Standmixer so lange schlagen, bis sie locker und fluffig ist und sich feste Spitzen an den Rührhaken bilden, wenn sie aus der Sahne gezogen werden. Die Sahnemenge verdoppelt sich beim Schlagen.
5. Die Zitronenmischung aus dem Kühlschrank nehmen und 180 g Schlagsahne unterheben.
6. Die Zitronenmousse auf 6 Dessertschalen aufteilen. Die restliche Schlagsahne und Zitronenschale daraufgeben. Falls gewünscht mit Mandelblättchen und Minze garnieren.

KCAL: 240 | F: 24g | E: 3g | KH GESAMT: 3,3g | BS: 0,2g | KH NETTO: 3,1g | ERYTHRIT: 25g

KH NETTO:
5 g

Weiches Sesam-Shortbread

OHNE EI

Ergibt: 24 Kekse (2 pro Portion) · Zubereitungszeit: 10 Minuten · Garzeit: 16 Minuten

Die Zeiten des Erdnussmuses sind vorbei – jetzt kommt das etwas ältere und raffiniertere Tahin ins Spiel. Tahin ist nicht nur köstlich, sondern auch eine tolle Alternative für alle, die an einer Erdnussallergie leiden, denn es besteht aus gerösteter Sesamsaat, die zu einer Paste vermahlen wird. Es wird häufig in mediterranen Gerichten verwendet und eignet sich sowohl für süße als auch deftige Speisen. Diese eher weichen Sesamplätzchen sind die perfekte Mischung aus Shortbread und weichem Gebäck.

Zutaten

250 g helles Mandelmehl
2 TL Backpulver
½ TL Meersalz
170 g Butter, weich
225 g Erythrit, als Granulat
2 TL reines Vanilleextrakt
170 g Tahin
35 g geröstete Sesamsaat

Zubereitung

1. Den Backofen auf 175 °C vorheizen. Zwei Backbleche mit Backpapier oder Backmatten aus Silikon auslegen.
2. Mandelmehl, Backpulver und Salz in einer mittelgroßen Schüssel verrühren und beiseitestellen.
3. Butter, Erythrit und Vanilleextrakt in eine große Schüssel geben. Mit einem elektrischen Handrührgerät etwa 3 Minuten aufschlagen, bis die Butter locker und schaumig ist.
4. Das Tahin in die Butter einrühren, dann die Mehlmischung nach und nach dazugeben, dabei immer weiterrühren.
5. Den Teig mit einem großen Löffel portionsweise auf die Backbleche setzen (etwa 2 EL pro Keks) und dabei ca. 5 cm Platz zwischen den Teighäufchen lassen. Jeden Keks mit ½ TL Sesamsaat bestreuen. Ein Backblech ins obere Drittel des Backofens einschieben, das andere ins untere Drittel.
6. 16 Minuten backen und nach der Hälfte der Backzeit die Plätze der Backbleche tauschen. Die Kekse sollen in der Mitte weich und an den Rändern goldbraun sein. Vor dem Servieren auf den Backblechen auskühlen lassen, da sie während des Abkühlens fester werden. Reste halten sich in einem luftdicht verschließbaren Gefäß in der Speisekammer oder auf der Küchenarbeitsplatte maximal eine Woche.

KCAL: 340 | F: 32 g | E: 8 g | KH GESAMT: 8,8 g | BS: 3,8 g | KH NETTO: 5 g | ERYTHRIT: 20 g

Kürbis-Cheesecake-Mousse

KH NETTO: **2 g**

OHNE EI · OHNE NÜSSE

Ergibt: 10 Portionen (ca. 115 g pro Portion) · Zubereitungszeit: 15 Minuten

Diese Mousse hat den Geschmack des amerikanischen Pumpkin Pie, aber eine köstliche, cremig aufgeschlagene Konsistenz. Im Herbst wird sie bestimmt zu einer Ihrer Lieblingsnachspeisen werden. Meine Mousse serviere ich gern mit etwas frischer Schlagsahne (siehe S. 130) und einer Prise Kürbiskuchengewürz (Pumpkin Pie Spice). Einfach und lecker!

Zutaten

340 g Frischkäse, vollfett, zimmerwarm

1 Glas ungesüßtes Kürbispüree (à 425 g)

115 g Erythrit, als Pulver

2 EL Kürbiskuchengewürz

180 g Konditorsahne

2 TL reines Vanilleextrakt

Zubereitung

1. Frischkäse und Kürbispüree in eine große Rührschüssel geben. Mit einem elektrischen Handrührgerät aufschlagen, bis eine glatte und cremige Konsistenz ohne Klümpchen erreicht ist.
2. Erythrit, Kürbiskuchengewürz, Konditorsahne und Vanilleextrakt dazugeben und gut unterrühren. Reste sind im Kühlschrank maximal 1 Woche haltbar.

Tipp

Diese Mousse schmeckt auch frisch großartig, aber für eine festere Konsistenz kann sie vor dem Servieren im Kühlschrank kaltgestellt werden.

KCAL: 215 | F: 18 g | E: 3 g | KH GESAMT: 3 g | BS: 1 g | KH NETTO: 2 g | ERYTHRIT: 12 g

KH NETTO:

4 g

Avocado-Schokopudding

OHNE MILCH · OHNE EI · OHNE NÜSSE

Ergibt 4 Portionen · Zubereitungszeit: 10 Minuten

In meinen Süßspeisen verstecke ich gern gesunde Zutaten aus echten Nahrungsmitteln. Mich macht es zufrieden, wenn ich gelegentlich einen Nachtisch genießen kann, der gleichzeitig gesund ist und in meine kohlenhydratarme Ernährungsweise mit vollwertigen Nahrungsmitteln passt.

Zutaten

2 mittelgroße Avocados, geschält, entkernt und gewürfelt

60 g Kakaopulver, ungesüßt

60 ml Kokosmilch (siehe Tipps)

55 g Erythrit, als Pulver

2 TL reines Vanilleextrakt

1 Prise Meersalz

55 g zuckerfreie Schokotropfen, zartbitter (optional)

Zubereitung

Avocados, Kakaopulver, Kokosmilch, Erythrit, Vanilleextrakt und Salz in eine Küchenmaschine geben und mit der Pulse-Funktion mixen, bis eine glatte und cremige Konsistenz erreicht ist. Falls gewünscht, den Pudding mit den Schokotropfen garniert servieren.

Tipps

In diesem Rezept kann die Kokosmilch auch durch Mandeldrink oder Konditorsahne ersetzt werden.

Am besten schmeckt der Pudding, wenn er vor dem Servieren mindestens eine Stunde kaltgestellt wurde.

KCAL: 147 | F: 13 g | E: 4 g | KH GESAMT: 13 g | BS: 9 g | KH NETTO: 4 g | ERYTHRIT: 15 g

Basics

WÜRZMISCHUNGEN, DRESSINGS UND SOSSEN

Taco-Würzmischung / 138

Salsa verde / 139

Griechisches Feta-Dressing / 140

Zitrus-Vinaigrette / 141

Avocado-Ranch-Dressing / 142

Erdbeer-Balsamico-Vinaigrette / 143

Gurkensoße / 144

Barbecue-Soße / 145

Einfache Hollandaise / 146

Taco-Würzmischung

KH NETTO: **5g**

OHNE MILCH · OHNE EI · OHNE NÜSSE · PALÄO

Ergibt: ca. 115 g (2 EL pro Portion) · Zubereitungszeit: 5 Minuten

Gewürzmischungen selbst herzustellen, geht schnell und ist einfach – und Sie wissen auch, was drin ist. Wahrscheinlich können Sie so auch noch Geld sparen. In gekauften Gewürzmischungen stecken häufig viele unnötige Zusatzstoffe.

Zutaten

3 EL Chilipulver
3 EL Kreuzkümmel, gemahlen
1 EL plus 1 TL Selleriesalz
1 EL plus 1 TL Knoblauchpulver
1 EL Zwiebelpulver
¾ TL gemahlener schwarzer Pfeffer
½ TL Cayennepfeffer

Zubereitung

Alle Zutaten miteinander vermischen und in ein luftdicht verschließbares Behältnis geben. Hält sich im Küchenschrank maximal drei Monate.

Tipp

Für Taco-Fleisch braten Sie Rinderhack, Putenhack oder eine andere Fleischsorte nach Wahl an und gießen das überschüssige Fett ab. Dann pro 450 g Fleisch 160 ml Wasser und 30 g Taco-Würzmischung dazugeben, die Hitze auf geringe Hitze reduzieren und 5 Minuten köcheln lassen, bis die Flüssigkeit eindickt.

KCAL: 46 | F: 2g | E: 2g | KH GESAMT: 8g | BS: 3g | KH NETTO: 5g

Salsa verde

KH NETTO: 1,5 g

OHNE MILCH · OHNE EI · OHNE NÜSSE · PALÄO

Ergibt: ca. 480 ml (2 EL pro Portion) · Zubereitungszeit: 10 Minuten
Garzeit: 7 Minuten

Salsa verde gehört zu meinen Lieblingswürzsoßen, weshalb davon immer etwas in meinem Kühlschrank steht. Am liebsten esse ich sie morgens zu meinen Frühstückseiern.

Zutaten

450 g Tomatillos, Hülle und Strunk entfernt (alternativ können auch Tomatillos aus der Dose, grüne Tomaten oder grüne Paprikas verwendet werden)

½ kleine rote Zwiebel, in große Stücke geschnitten

4 Knoblauchzehen, geschält

2 EL Olivenöl

1 Serrano-Chili (oder Jalapeño), fein gewürfelt

1 EL frischer Koriander, gehackt

2 TL frischer Limettensaft

1½ TL Meersalz

1 TL Kreuzkümmel, gemahlen

120 ml Hühnerbrühe

Zubereitung

1. Die Grillfunktion des Backofens einstellen und den Backofen auf höchster Stufe vorheizen. Ein Backblech mit Backpapier oder einer Backmatte aus Silikon auslegen.
2. Die Tomatillos halbieren und mit der Schnittseite nach unten auf das Backblech legen. Zwiebeln und Knoblauch dazulegen und alles mit Olivenöl beträufeln.
3. 5–7 Minuten grillen, bis die Tomatillos leicht schwärzlich werden und Blasen werfen.
4. Gegrillte Tomatillos, Zwiebeln und Knoblauch sowie Serrano-Chili, Koriander, Limettensaft, Salz und Kreuzkümmel in einen Hochleistungsmixer oder eine Küchenmaschine geben und mit der Pulse-Funktion pürieren.
5. Hühnerbrühe dazugeben und ein paar Mal mit der Pulse-Funktion unterrühren. Hält sich im Kühlschrank maximal zwei Wochen.

KCAL: 11 | F: 0,3 g | E: 0,3 g | KH GESAMT: 2 g | BS: 0,5 g | KH NETTO: 1,5 g

KH NETTO:
0,5 g

Griechisches Feta-Dressing

OHNE EI · OHNE NÜSSE

Ergibt: ca. 480 ml (2 EL pro Portion) · Zubereitungszeit: 5 Minuten

Dieses Dressing schmeckt hervorragend zum griechischen Salat (S. 50), ist aber auch eine tolle Marinade für Hähnchen oder Fisch. Für ein schnelles und einfaches Essen für die Woche geben Sie einfach 900 g Hähnchenfleisch oder Fisch und eine Rezeptmenge dieses Dressings in einen großen Gefrierbeutel und legen ihn in den Gefrierschrank. Wenn Sie das Fleisch essen wollen, tauen Sie es einfach auf und geben Fleisch und Marinade in einen Schongarer oder in den Backofen. Viel einfacher kann ein Abendessen nicht zubereitet werden.

Zutaten

240 ml mildes Olivenöl oder Avocadoöl

120 ml Rotweinessig

Saft einer kleinen Zitrone

4 Knoblauchzehen, fein gehackt

1 EL Dijonsenf

½ TL Meersalz

¼ TL gemahlener schwarzer Pfeffer

40 g Feta, zerkrümelt

Zubereitung

Öl, Essig, Zitronensaft, Knoblauch, Dijonsenf, Salz und Pfeffer in einen Hochleistungsmixer oder eine Küchenmaschine geben und mit der Pulse-Funktion gut durchmixen. Dann den Feta unterheben. Hält sich im Kühlschrank maximal zwei Wochen.

Tipp

Fantastisch schmeckt das Dressing auch, wenn am Ende mit dem Feta auch gehackte Kalamata-Oliven untergerührt werden.

KCAL: 129 | F: 14g | E: 4g | KH GESAMT: 0,5g | BS: 0g | KH NETTO: 0,5g

KH NETTO:
1,8 g

Zitrus-Vinaigrette

OHNE MILCH · OHNE EI · OHNE NÜSSE · PALÄO

Ergibt: ca. 300 ml (2 EL pro Portion) · Zubereitungszeit: 10 Minuten

Zutaten

180 ml mildes Olivenöl oder Avocadoöl

60 ml Rotweinessig

3 EL frischer Zitronensaft

3 EL frischer Limettensaft

3 EL frischer Orangensaft

1 Knoblauchzehe, fein gehackt

15 g Erythrit, als Pulver (optional)

1 TL Dijonsenf

¼ TL Meersalz

¼ TL gemahlener schwarzer Pfeffer

Zubereitung

Alle Zutaten in einen Hochleistungsmixer oder eine Küchenmaschine geben und mit der Pulse-Funktion gut durchmixen. Hält sich im Kühlschrank maximal zwei Wochen.

Tipp

Damit das Dressing Paläo-kompatibel wird, einfach das Erythrit weglassen.

KCAL: 161 | F: 17g | E: 0,7g | KH GESAMT: 1,8g | BS: 0g | KH NETTO: 1,8g

Avocado-Ranch-Dressing

KH NETTO:
0,5 g

OHNE NÜSSE

Ergibt: ca. 600 ml (2 EL pro Portion) · Zubereitungszeit: 10 Minuten

Dieses Low-Carb-Dressing gehört bei uns quasi zu den Grundnahrungsmitteln. Wir essen es als Dip zu frischem Gemüse, als Salatsoße und auch zu gegrilltem Fisch, beispielsweise den Taco-Bowls mit Fisch (S. 92). Die ordentliche Portion gesundes Fett von der Avocado macht es zum perfekten Keto-Dressing. Noch eine Stufe besser als das traditionelle Ranch-Dressing.

Zutaten

1 mittelgroße Avocado, geschält und entkernt

120 ml Mayonnaise

120 g Sour Cream, vollfett

120 ml Wasser

1 Knoblauchzehe, fein gehackt

1 EL frische glatte Petersilie, gehackt

1 EL frischer Schnittlauch, gehackt

1½ TL frischer Dill, gehackt

2 TL Apfelessig

½ TL Zwiebelpulver

¼ TL Meersalz

⅛ TL gemahlener schwarzer Pfeffer

Zubereitung

Alle Zutaten in einen Hochleistungsmixer oder eine Küchenmaschine geben und mit der Pulse-Funktion mixen, bis eine glatte und cremige Konsistenz erreicht ist. Hält sich im Kühlschrank maximal eine Woche.

KCAL: 61 | F: 6 g | E: 4 g | KH GESAMT: 1 g | BS: 0,5 g | KH NETTO: 0,5 g

KH NETTO:
1,5 g

Erdbeer-Balsamico-Vinaigrette

OHNE MILCH · OHNE EI · OHNE NÜSSE · PALÄO

Ergibt: ca. 300 ml (2 EL pro Portion) · Zubereitungszeit: 10 Minuten

Frisch, leicht und einfach in der Zubereitung – so ein Dressing liebe ich! Sollte die Vinaigrette zu dickflüssig für Ihren Geschmack sein, dann geben Sie beim Mixen einfach langsam etwas mehr Wasser dazu, bis es die richtige Konsistenz hat.

Zutaten

120 ml mildes Olivenöl oder Avocadoöl

75 g Erdbeeren, in Scheiben

60 ml Balsamicoessig

1 EL plus 1 TL Dijonsenf

1 EL frischer Zitronensaft

1 Knoblauchzehe, fein gehackt

1 kleine Schalotte, fein gewürfelt

½ TL Meersalz

⅛ TL gemahlener schwarzer Pfeffer

1 Prise Chiliflocken

Zubereitung

Alle Zutaten in einen Hochleistungsmixer oder eine Küchenmaschine geben und mit der Pulse-Funktion mixen, bis eine glatte Konsistenz erreicht ist. Hält sich im Kühlschrank maximal zwei Wochen.

KCAL: 106 | F: 11 g | E: 0,1 g | KH GESAMT: 1,6 g | BS: 0,1 g | KH NETTO: 1,5 g

Gurkensoße

KH NETTO:
1,2 g

OHNE NÜSSE

Ergibt: ca. 360 ml (2 EL pro Portion) · Zubereitungszeit: 10 Minuten

Die Zubereitung dieser Gurkensoße ist super einfach und Sie brauchen dafür nur Zutaten, die Sie wahrscheinlich sowieso im Kühlschrank haben. Sie passt perfekt zu mediterranen Gerichten und auch fast allem anderen wie Hähnchen, Fisch, Rindfleisch etc. Außerdem ist sie eine tolle Salatsoße und die ideale Ergänzung zu Gerichten wie den griechischen Hackbällchen (S. 88) und den Taco-Bowls mit Fisch (S. 92).

Zutaten

1 Snack-Gurke, entkernt, in Scheiben

120 g Sour Cream, vollfett

60 ml Mayonnaise

2 EL frischer Zitronensaft

2 EL frischer Schnittlauch, gehackt

1 EL frischer Dill, gehackt

2 Knoblauchzehen, fein gehackt

½ TL Meersalz

¼ TL gemahlener schwarzer Pfeffer

Zubereitung

Alle Zutaten in einen Hochleistungsmixer oder eine Küchenmaschine geben und mit der Pulse-Funktion mixen, bis eine glatte und cremige Konsistenz erreicht ist. Hält sich im Kühlschrank maximal zwei Wochen.

KCAL: 53 | F: 5 g | E: 0,4 g | KH GESAMT: 1,2 g | BS: 0 g | KH NETTO: 1,2 g

KH NETTO:
2,2 g

Barbecue-Soße

OHNE EI · OHNE NÜSSE

Ergibt: ca. 240 ml (2 EL pro Portion) · Zubereitungszeit: 5 Minuten
Garzeit: 15 Minuten

Häufig gehört die Barbecue-Soße zu einer der ersten Würzsoßen, die weggelassen werden, wenn jemand seine Ernährung auf kohlenhydratarm umstellt. Das mag daran liegen, dass die traditionellen Rezepte und die gekauften Sorten Unmengen an Zucker enthalten. Dank meinem Rezept können Sie nun eine Low-Carb-Variante genießen.

Zutaten

240 ml Tomatensoße
2 EL Erythrit, als Pulver
15 g gesalzene Butter
2 TL Apfelessig
2 TL Zwiebelpulver
1½ TL Liquid Smoke (Flüssigrauch)
1 TL frischer Zitronensaft
1 Knoblauchzehe, fein gehackt
¼ TL Meersalz
¼ TL gemahlener schwarzer Pfeffer

Zubereitung

1. Alle Zutaten in einen Topf geben, den Herd auf mittlere Hitze stellen und 15 Minuten köcheln lassen.
2. Probieren und nach Geschmack mehr Salz hinzufügen. Hält sich im Kühlschrank maximal eine Woche.

Tipp

Damit die Barbecue-Soße etwas mehr nach Melasse schmeckt, verwende ich statt des Erythrit-Pulvers 1 EL Erythrit als Rohrzuckerersatz.

KCAL: 39 | F: 3 g | E: 0,6 g | KH GESAMT: 2,8 g | BS: 0,6 g | KH NETTO: 2,2 g | ERYTHRIT: 4 g

KH NETTO:
0,8 g

Einfache Hollandaise aus dem Mixer

OHNE NÜSSE · Ergibt: ca. 240 ml (2 EL pro Portion) · Zubereitungszeit: 5 Minuten

In diesem Buch ist Hollandaise die perfekte Keto-Soße. Sie ist fettreich und schmeckt zu fast allem, von Eiern bis zum perfekt gebratenen, saftigen Steak. Auch zu ofengegartem Gemüse oder Lachs ist sie ein Gedicht.

Zutaten

4 große Eigelb
2 EL frischer Zitronensaft
1 Prise Senfmehl
1 Spritzer Chilisauce
115 g gesalzene Butter, geschmolzen

Zubereitung

1. Eigelb, Zitronensaft, Senfmehl und Chilisauce in einen Hochleistungs- oder Standmixer geben. Gut mit der Pulse-Funktion verrühren.
2. Den Mixer auf höchste Stufe stellen und langsam die geschmolzene Butter dazugeben. Etwa 30 Sekunden mixen, bis die Soße eingedickt ist. Hält sich im Kühlschrank maximal zwei Wochen.

Tipp

Damit das Ei in der Hollandaise beim Aufwärmen nicht ausflockt, erhitzen Sie die Hollandaise am besten in 30-Sekunden-Intervallen in der Mikrowelle bei geringer Wattzahl.

KCAL: 130 | F: 14g | E: 2g | KH GESAMT: 0,8g | BS: 0g | KH NETTO: 0,8g

Allergenübersicht

REZEPTE	SEITE	OHNE MILCH	OHNE EI	OHNE NÜSSE	PALÄO
Buffalo Chicken Dip	32		✓	✓	
Mediterraner Flammkuchen	34				
Russische Eier mit Dillgurken	36	✓		✓	✓
Buttrige Knoblauch-Croissants	38				
Ranch-Dip mit Tahin	40	✓	✓	✓	✓
Pico de gallo	41	✓	✓	✓	✓
Cheddar Jalapeño Bacon Biscuits	42				
Erdbeer-Spinat-Salat	46		✓		
Salat mit zweierlei Kohl	48		✓		
Griechischer Salat	50		✓	✓	
Taco-Salat	52		✓	✓	
Thunfischsalat mit Gurken und Dill	54	✓		✓	✓
Blumenkohl-Hähnchen-Salat	56			✓	
Glückskekswaffeln	60			✓	
Eier Benedikt mit Kassler und Spinat	62			✓	
Käsiges Pico-Rührei	64			✓	
Wurstbällchen	66				
Eiwölkchen mit Sour Cream und Schnittlauch	68			✓	
Schinken-Käse-Waffeln	70			✓	
Ofen-Omelett mit Hähnchen	72			✓	
Schweinekoteletts mit Ziegenkäse-Kräuterbutter	76		✓	✓	
Scharfe Kohl-Wurst-Pfanne	78	✓	✓	✓	✓
Zucchini-Spaghetti mit Hacksoße	80		✓	✓	
Gemüsepfanne mit Geflügelwurst	82	✓	✓	✓	✓
Gefüllte Paprika à la Sloppy Joe	84	✓	✓	✓	
Käsiger Hähnchenauflauf mit Salsa verde	86		✓	✓	
Griechische Hackbällchen	88			✓	
Rumpsteaks mit cremiger Blauschimmelkäse-Dijon-Soße	90		✓	✓	
Taco-Bowls mit Fisch	92	✓	✓	✓	✓
Kräuter-Hähnchen mit Pilzen	94	✓	✓	✓	✓
Parmesan-Hähnchen aus der Pfanne	96		✓	✓	
Garnelen-Piccata	98		✓	✓	
Hacksteak	100	✓		✓	
Kohlsteaks mit Hähnchen	102		✓	✓	
Zucchini-Spaghetti mit cremiger Pestosoße	104		✓	✓	
Gebratener Rosenkohl mit cremigem Dijon-Dressing	108		✓	✓	
Blumenkohlreis mit Frühlingszwiebel und Limette	110	✓	✓	✓	✓
Zucchini-Gratin mit Käse	112		✓	✓	
Gebratener grüner Spargel mit Pilzen und Speck	114	✓	✓	✓	✓
Blumenkohlsteaks mit Speck-Käse-Soße	116		✓	✓	
Gebratene grüne Bohnen mit Schinken	118	✓	✓	✓	✓
Blumenkohlpüree mit Kräuter-Ziegenfrischkäse	120		✓	✓	
Chocolate Chip Cookies für zwei	124		✓		
Heidelbeer-Käseküchlein	126				
Double Chocolate Brownies ohne Mehl	128				
Zitronenmousse	130			✓	
Weiches Sesam-Shortbread	132		✓		
Kürbis-Cheesecake-Mousse	134		✓	✓	
Avocado-Schokopudding	135	✓	✓	✓	
Taco-Würzmischung	138	✓	✓	✓	✓
Salsa verde	139	✓	✓	✓	✓
Griechisches Feta-Dressing	140		✓	✓	
Zitrus-Vinaigrette	141	✓	✓	✓	✓
Avocado-Ranch-Dressing	142			✓	
Erdbeer-Balsamico-Vinaigrette	143	✓	✓	✓	✓
Gurkensoße	144			✓	
Barbecue-Soße	145		✓	✓	
Einfache Hollandaise aus dem Mixer	146			✓	

Rezeptregister

VORSPEISEN UND ZWISCHENMAHLZEITEN

32 Buffalo Chicken Dip

34 Mediterraner Flammkuchen

36 Russische Eier mit Dillgurken

38 Buttrige Knoblauch-Croissants

40 Ranch-Dip mit Tahin

41 Pico de gallo

42 Cheddar Jalapeño Bacon Biscuits

SALATE

46 Erdbeer-Spinat-Salat

48 Salat mit zweierlei Kohl

50 Griechischer Salat

52 Taco-Salat

54 Thunfischsalat mit Gurken und Dill

56 Blumenkohl-Hähnchen-Salat

FRÜHSTÜCK

60 Glückskeks-waffeln

62 Eier Benedikt mit Kassler und Spinat

64 Käsiges Pico-Rührei

66 Wurstbällchen

68 Eiwölkchen mit Sour Cream und Schnittlauch

70 Schinken-Käse-Waffeln

72 Ofen-Omelett mit Hähnchen

MITTAG- UND ABENDESSEN

76 Schweinekoteletts mit Ziegenkäse-Kräuterbutter

78 Scharfe Kohl-Wurst-Pfanne

80 Zucchini-Spaghetti mit Hacksoße

82 Gemüse-pfanne mit Geflügelwurst

84 Gefüllte Paprika à la Sloppy Joe

86 Käsiger Hähnchenauflauf mit Salsa verde

88 Griechische Hackbällchen

90 Rumpsteaks mit cremiger Blauschimmel-käse-Dijon-Soße

92 Taco-Bowls mit Fisch

94 Kräuter-Hähnchen mit Pilzen

MITTAG- UND ABENDESSEN (FORTSETZUNG)

Parmesan-Hähnchen aus der Pfanne

Garnelen-Piccata

Hacksteak

Kohlsteaks mit Hähnchen

Zucchini-Spaghetti mit cremiger Pestosoße

BEILAGEN

Gebratener Rosenkohl mit cremigem Dijon-Dressing

Blumenkohlreis mit Frühlingszwiebel und Limette

Zucchini-Gratin mit Käse

Gebratener grüner Spargel mit Pilzen und Speck

Blumenkohlsteaks mit Speck-Käse-Soße

Gebratene grüne Bohnen mit Schinken

Blumenkohlpüree mit Kräuter-Ziegenfrischkäse

SÜSSE KÖSTLICHKEITEN

Chocolate Chip Cookies für zwei

Heidelbeer-Käseküchlein

Double Chocolate Brownies ohne Mehl

Zitronenmousse

Weiches Sesam-Shortbread

Kürbis-Cheesecake-Mousse

Avocado-Schokopudding

BASICS: WÜRZMISCHUNGEN, DRESSINGS UND SOSSEN

Taco-Würzmischung

Salsa verde

Griechisches Feta-Dressing

Zitrus-Vinaigrette

Avocado-Ranch-Dressing

Erdbeer-Balsamico-Vinaigrette

Gurkensoße

Barbecue-Soße

Einfache Hollandaise aus dem Mixer

Stichwortverzeichnis

A

Abfallschüssel 12
Allergene 147
Apfelessig **8**, 18, 40 108, 142, 145
Auf Vorrat kaufen 11
Aufwärmen
  Buttrige Knoblauch-Croissants 38
  Cheddar Jalapeño Bacon Biscuits 42
  Einfache Hollandaise aus dem Mixer 146
  Mediterraner Flammkuchen 34
  Parmesan-Hähnchen aus der Pfanne 96
  Schinken-Käse-Waffeln 70
Avocadoöl 8
Avocado-Ranch-Dressing, Rezept 142
  Taco-Salat 52
Avocados **8**, 13, 140, 141, 143
  Avocado-Ranch-Dressing 142
  Avocado-Schokopudding 135
  Käsiger Hähnchenauflauf mit Salsa verde 86
  Taco-Bowls mit Fisch 92
  Taco-Salat 52
Avocado-Schokopudding, Rezept 135

B

Backmatten 17
Backformen 16, **17**
Backbleche 16
Barbecue-Soße, Rezept 145
  Blumenkohl-Hähnchen-Salat 56
Basilikum
  Mediterraner Flammkuchen 34
Beilagen
  Blumenkohlpüree mit Kräuter-Ziegenfrischkäse 120
  Blumenkohlreis mit Frühlingszwiebel und Limette 110
  Blumenkohlsteaks mit Speck-Käse-Soße 116
  Gebratene grüne Bohnen mit Schinken 118
  Gebratener grüner Spargel mit Pilzen und Speck 114
  Gebratener Rosenkohl mit cremigem Dijon-Dressing 108
  Zucchini-Gratin mit Käse 112
Biscuits, aufwärmen 42
Blauschimmelkäse
  Buffalo Chicken Dip 32
  Kohlsteaks mit Hähnchen 102
  Rumpsteaks mit cremiger Blauschimmelkäse-Dijon-Soße 90
  Salat mit zweierlei Kohl 48
Blumenkohl
  Blumenkohl-Hähnchen-Salat 56
  Blumenkohlpüree mit Kräuter-Ziegenfrischkäse 120
  Blumenkohlreis mit Frühlingszwiebel und Limette 110
  Blumenkohlsteaks mit Speck-Käse-Soße 116
Blumenkohl-Hähnchen-Salat, Rezept 56
Blumenkohlpüree mit Kräuter-Ziegenfrischkäse, Rezept 120
Blumenkohlreis mit Frühlingszwiebel und Limette, Rezept 110
  Käsiger Hähnchenauflauf mit Salsa verde 86
  Taco-Bowls mit Fisch 92
Blumenkohlsteaks mit Speck-Käse-Soße, Rezept 116
Brathähnchen 32, 72, 102
Bratpfanne 15, 16, 18
Brühe, siehe auch Rinderbrühe, Hühnerbrühe
Buffalo Chicken Dip, Rezept 32
Buffalo Wing Sauce
  Buffalo Chicken Dip 32
  Kohlsteaks mit Hähnchen 102
Butter
Buttrige Knoblauch-Croissants 38

C

Champignons
Eier Benedikt mit Kassler und Spinat 62
Gemüsepfanne mit Geflügelwurst 82
Gebratener grüner Spargel mit Pilzen und Speck 114
Hacksteak 100
Kräuter-Hähnchen mit Pilzen 94
Scharfe Kohl-Wurst-Pfanne 78
Cheddar
Blumenkohlsteaks mit Speck-Käse-Soße 116
Cheddar Jalapeño Bacon Biscuits 42
Eiwölkchen mit Sour Cream und Schnittlauch 68
Käsiger Hähnchenauflauf mit Salsa verde 86
Schinken-Käse-Waffeln 70
Taco-Salat 52
Wurstbällchen 66
Zucchini-Gratin mit Käse 112
Cheddar Jalapeño Bacon Biscuits, Rezept 42
Cheesecakes, Aufbewahrung 126
Chocolate Chip Cookies für zwei, Rezept 124
Coconut Aminos **9**, 18, 78

D

Desserts
Avocado-Schokopudding 135
Chocolate Chip Cookies für zwei 124
Double Chocolate Brownies ohne Mehl 128
Heidelbeer-Käseküchlein 126
Kürbis-Cheesecake-Mousse 134
Weiches Sesam-Shortbread 132
Zitronenmousse 130
Dill
Avocado-Ranch-Dressing 142
Blumenkohlpüree mit Kräuter-Ziegenfrischkäse 120
Gurkensoße 144
Ranch-Dip mit Tahin 40
Russische Eier mit Dillgurken 36
Thunfischsalat mit Gurken und Dill 54
Dillgurken
Russische Eier mit Dillgurken 36
Thunfischsalat mit Gurken und Dill 54
Dips
Buffalo Chicken Dip 32
Pico de gallo 41
Ranch-Dip mit Tahin 40
Double Chocolate Brownies ohne Mehl, Rezept 128
Dressings
Avocado-Ranch-Dressing 142
Erdbeer-Balsamico-Vinaigrette 143
Griechisches Feta-Dressing 140
Zitrus-Vinaigrette 141

E

Effizienz, Tipps und Tricks 11
Eier
Aus Weidehaltung 10
Buttrige Knoblauch-Croissants 38
Cheddar Jalapeño Bacon Biscuits 42
Käsiges Pico-Rührei 64
Double Chocolate Brownies ohne Mehl 128
Eier Benedikt mit Kassler und Spinat 62
Einfache Hollandaise aus dem Mixer 146
Eiwölkchen mit Sour Cream und Schnittlauch 68
Glückskekswaffeln 60
Griechische Hackbällchen 88
Hacksteak 100
Hartgekochte 14, 36
Heidelbeer-Käseküchlein 126
Mediterraner Flammkuchen 34
Ofen-Omelett mit Hähnchen 72
Russische Eier mit Dillgurken 36
Schinken-Käse-Waffeln 70
Wurstbällchen 66
Zitronenmousse 130
Zur Resteverwertung 18
Eier Benedikt mit Kassler und Spinat, Rezept 62
Einfache Hollandaise aus dem Mixer, Rezept 146
Eier Benedikt mit Kassler und Spinat 62

Einfrieren
Griechische Hackbällchen 80
Waffeln 60, 70
Zucchini-Spaghetti 80
Einkäufe liefern lassen 11
Einkaufsliste
Aktuelle
Für Mahlzeitenplan Woche 1 22
Für Mahlzeitenplan Woche 2 26
Eisbergsalat
Taco-Salat 52
Eiwölkchen mit Sour Cream und Schnittlauch, Rezept 68
Elektrischer Schnellkochtopf 15
Emmentaler
Ofen-Omelett mit Hähnchen 72
Erdbeer-Balsamico-Vinaigrette, Rezept 143
Erdbeeren
Erdbeer-Balsamico-Vinaigrette 143
Erdbeer-Spinat-Salat 46
Erdbeer-Spinat-Salat, Rezept 46
Erdnussbutterpulver 128
Erythrit (als Granulat, Pulver oder Rohrzuckerersatz) 9, 56, 60, 70, 108, 124, 126, 128, 130, 132, 134, 135, 141, 145

F

Feta
Eier Benedikt mit Kassler und Spinat 62
Erdbeer-Spinat-Salat 46
Griechische Hackbällchen 80
Griechischer Salat 50
Griechisches Feta-Dressing 140
Fisch und Meeresfrüchte
Garnelen-Piccata 98
Taco-Bowls mit Fisch 92
Fleisch, siehe auch einzelne Fleischsorten
Gewürze für 13
Über 9
Vorkochen 13
Fond, siehe auch Brühe
Frischhalteboxen 12, 14, 16
Frischkäse
Buffalo Chicken Dip 32
Buttrige Knoblauch-Croissants 38
Cheddar Jalapeño Bacon Biscuits 42
Glückskekswaffeln 60
Heidelbeer-Käseküchlein 126
Mediterraner Flammkuchen 34
Kürbis-Cheesecake-Mousse 134
Frühlingszwiebeln
Blumenkohlreis mit Frühlingszwiebeln und Limette 110
Blumenkohlsteaks mit Speck-Käse-Soße 116
Kohlsteaks mit Hähnchen 102
Frühstück, Resteverwertung 18
Frühstücksspeck
Blumenkohl-Hähnchen-Salat 56
Blumenkohlsteaks mit Speck-Käse-Soße 116
Cheddar Jalapeño Bacon Biscuits 42
Erdbeer-Spinat-Salat 46
Gebratener grüner Spargel mit Pilzen und Speck 114
Salat mit zweierlei Kohl 48
Über 8
Vorkochen 13

G

Garnelen-Piccata, Rezept 98
Gebratene grüne Bohnen mit Schinken, Rezept 118
Gebratener Rosenkohl mit cremigem Dijon-Dressing, Rezept 108
Gefüllte Paprika à la Sloppy Joe, Rezept 84
Gelbe Zucchini, siehe auch Zucchini
Gemüsepfanne mit Geflügelwurst 82
Gemüsehobel 16
Gemüsepfanne mit Geflügelwurst 82
Geräte, zum Zeitsparen 15-17
Gewürze 10
Glückskekswaffeln, Rezept 60
Griechische Hackbällchen, Rezept 80
Griechischer Salat, Rezept 50
Griechisches Feta-Dressing, Rezept 140
Griechischer Salat 50

Grüne Bohnen
Gebratene grüne Bohnen mit Schinken 118
Gurken
Griechischer Salat 50
Gurkensoße 144
Thunfischsalat mit Gurken und Dill 54
Gurkensoße, Rezept 144
Griechische Hackbällchen 80
Griechischer Salat 50

H

Hacksteak, Rezept 100
Hähnchenfleisch
Blumenkohl-Hähnchen-Salat 56
Brathähnchen
Buffalo Chicken Dip 32
Gemüsepfanne mit Geflügelwurst 82
Käsiger Hähnchenauflauf mit Salsa verde 86
Kohlsteaks mit Hähnchen 102
Kräuter-Hähnchen mit Pilzen 94
Ofen-Omelett mit Hähnchen 72
Parmesan-Hähnchen 96
Hartkochen, Eier
Heidelbeer-Käseküchlein, Rezept 126
Heidelbeeren
Heidelbeer-Käseküchlein 126
Heilbutt
Taco-Bowls mit Fisch 92
Hochleistungsmixer
Hühnerbrühe
Blumenkohlreis mit Frühlingszwiebel und Limette 110
Garnelen-Piccata 98
Kräuter-Hähnchen mit Pilzen 94
Salsa verde 139

J

Jalapeños
Cheddar Jalapeño Bacon Biscuits 42
Pico de gallo 41
Taco-Bowls mit Fisch 92

K

Kakaopulver
Avocado-Schokopudding 135
Double Chocolate Brownies ohne Mehl 128
Käsiger Hähnchenauflauf mit Salsa verde 86
Käsiges Pico-Rührei, Rezept 64
Kapern
Garnelen-Piccata 98
Kassler
Eier Benedikt mit Kassler und Spinat 62
Knoblauch
Blumenkohlpüree mit Kräuter-Ziegenfrischkäse 120
Buttrige Knoblauch-Croissants 38
Cheddar Jalapeño Bacon Biscuits 42
Mediterraner Flammkuchen 34
Pico de gallo 41
Salsa verde 139
Schweinekoteletts mit Ziegenkäse-Kräuterbutter 76
Knochenbrühe, Weiterverwertung 18
Kochschinken
Gebratene grüne Bohnen mit Schinken 118
Ofen-Omelett mit Hähnchen 72
Schinken-Käse-Waffeln 70
Kohlsteaks mit Hähnchen 102
Kokosmehl
Glückskekswaffeln 60
Schinken-Käse-Waffeln 70
Über 9
Kokosmilch
Avocado-Schokopudding 135
Konditorsahne
Avocado-Schokopudding 135
Blumenkohlreis mit Kräuter-Ziegenfrischkäse
Blumenkohlsteaks mit Speck-Käse-Soße 116
Cheddar Jalapeño Bacon Biscuits 42
Cordon bleu Ofen-Omelett mit Hähnchen 72
Glückskekswaffeln 60

Kürbis-Cheesecake-Mousse 134
Rumpsteaks mit cremiger Blauschimmelkäse-Dijon-Soße 90
Schinken-Käse-Waffeln 70
Zitronenmousse 130
Zucchini-Gratin mit Käse 112
Zucchini-Spaghetti mit cremiger Pestosoße 104
Zucchini-Spaghetti mit Hacksoße 80
Koriander
Blumenkohlreis mit Frühlingszwiebel und Limette 110
Pico de gallo 41
Salsa verde 139
Kräuter-Hähnchen mit Pilzen, Rezept 94
Küchengeräte, zeitsparende 15-17
Küchenmaschine 15
Küchenschere 16
Kürbis-Cheesecake-Mousse, Rezept 134

L

Lammfleisch
Griechische Hackbällchen 80
Limetten
Blumenkohlreis mit Frühlingszwiebeln und Limette 110
Pico de gallo 41
Salsa verde 139
Zitrus-Vinaigrette 141

M

Mahlzeitenpläne
Woche 1 20
Woche 2 24
Mandeldrink
Avocado-Schokopudding 135
Mandelmehl
Buttrige Knoblauch-Croissants 38
Cheddar Jalapeño Bacon Biscuits 42
Heidelbeer-Käseküchlein 126
Mediterraner Flammkuchen 34
Über 8
Weiches Sesam-Shortbread 132
Wurstbällchen 66
Mandelmus
Double Chocolate Brownies ohne Mehl 128
Mandoline 16
Marinara-Soße
Parmesan-Hähnchen 96
Mascarpone
Zitronenmousse 130
Mayonnaise
Avocado-Ranch-Dressing 142
Gurkensoße 144
Über 8, 16
Mediterraner Flammkuchen, Rezept 34
Mozzarella
Buffalo Chicken Dip 32
Käsiger Hähnchenauflauf mit Salsa verde 86
Käsiges Pico-Rührei 64
Mediterraner Flammkuchen 34
Parmesan-Hähnchen 96
Zucchini-Gratin mit Käse 112

O

Oliven
Griechischer Salat 50, 146
Griechisches Feta-Dressing 140
Mediterraner Flammkuchen 34
Taco-Bowls mit Fisch 92
Taco-Salat 52
Ofen-Omelett mit Hähnchen, Rezept 72
Ofenfeste Bratpfannen 16
Orangen
Zitrus-Vinaigrette 141
Organisation, Tipps und Tricks zur 11-12

P

Paprika
Blumenkohl-Hähnchen-Salat 56
Gefüllte Paprika à la Sloppy Joe 84
Gemüsepfanne mit Geflügelwurst 82
Scharfe Kohl-Wurst-Pfanne 78
Taco-Bowls mit Fisch 92
Parmesan
Blumenkohlpüree mit Kräuter-Ziegenfrischkäse 120

Parmesan-Hähnchen 96
Wurstbällchen 66
Zucchini-Gratin mit Käse 112
Zucchini-Spaghetti mit cremiger Pestosoße 104
Zucchini-Spaghetti mit Hacksoße 80
Parmesan-Hähnchen, Rezept 96
Peaceloveandlowcarb.com (Website) 160
Pekannüsse
Salat mit zweierlei Kohl 48
Pepper Jack (Käse)
Zucchini-Gratin mit Käse 112
Pesto
Mediterraner Flammkuchen 34
Zucchini-Spaghetti mit cremiger Pestosoße 104
Pfannengerührtes, zur Resteverwertung 19
Pico de gallo, Rezept 41
Käsiger Hähnchenauflauf mit Salsa verde 86
Käsiges Pico-Rührei 64
Pinienkerne
Zucchini-Spaghetti mit cremiger Pestosoße 104
Produkte, in diesem Buch verwendete 8-10
Pudding, kühlen 135
Pürierstab 16

R

Ranch-Dip mit Tahin, Rezept 40
Reste, Verwertung 18-19
Reste-Pasta, zur Resteverwertung 18
Rinderbrühe
Hacksteak 100
Rindfleisch
Gefüllte Paprika à la Sloppy Joe 84
Griechische Hackbällchen 80
Hacksteak 100
Rumpsteaks mit cremiger Blauschimmelkäse-Dijon-Soße 90
Taco-Salat 52
Zucchini-Spaghetti mit Hacksoße 80
Römersalat
Griechischer Salat 50
Rosenkohl
Gebratener Rosenkohl mit cremigem Dijon-Dressing 108, 130, 141, 144
Salat mit zweierlei Kohl 48
Rucola
Ofen-Omelett mit Hähnchen 72
Rumpsteaks mit cremiger Blauschimmelkäse-Dijon-Soße, Rezept 90
Russische Eier mit Dillgurken, Rezept 36

S

Sahne, siehe Konditorsahne
Salami
Griechischer Salat 50
Salate
Blumenkohl-Hähnchen-Salat 56
Dressings 139-144, 146
Erdbeer-Spinat-Salat 46
Gebratener Rosenkohl mit cremigem Dijon-Dressing
Griechischer Salat 50
Resteverwertung mit
Salat mit zweierlei Kohl, Rezept 48
Salsa verde, Rezept
Salat mit zweierlei Kohl 48
Salatzutaten aufbewahren 52
Taco-Salat 52
Thunfischsalat mit Gurken und Dill 54
Käsiger Hähnchenauflauf mit Salsa verde 86
KäsigesPico-Eier 64
Salsiccia
Scharfe Kohl-Wurst-Pfanne 78
Wurstbällchen 66
Schalotten
Erdbeer-Balsamico-Vinaigrette 143
Scharfe Kohl-Wurst-Pfanne, Rezept 78
Schere 16
Schinken-Käse-Waffeln, Rezept 70
Schnellkochtopf
Elektrischer 15
Schokotropfen
Avocado-Schokopudding 135
Chocolate Chip Cookies für zwei 124

Double Chocolate Brownies ohne Mehl 128
Über 10
Schongarer 12, 17, 18
Schwarzkohl
Salat mit zweierlei Kohl 48
Schweinefleisch, siehe auch Frühstücksspeck
Griechische Hackbällchen 80
Schweinekoteletts mit Ziegenkäse-Kräuterbutter 76
Schweinekoteletts mit Ziegenkäse-Kräuterbutter, Rezept 76
Sellerie
Blumenkohl-Hähnchen-Salat 56
Buffalo Chicken Dip 32, 46, 110, 118
Gefüllte Paprika à la Sloppy Joe 84
Kohlsteaks mit Hähnchen 102
Serrano-Chili
Salsa verde 139
Silikon-Backformen 17
Silikon-Backmatten 17
Sour Cream
Avocado-Ranch-Dressing 10, 142
Blumenkohl-Hähnchen-Salat 56
Blumenkohlpüree mit Kräuter-Ziegenfrischkäse 13, 14, 120
Buffalo Chicken Dip 32
Eiwölkchen mit Sour Cream und Schnittlauch 68
Gebratener Rosenkohl mit cremigem Dijon-Dressing 98, 108, 140
Gurkensoße 144
Käsiger Hähnchenauflauf mit Salsa verde 86
Zitronenmousse 130
Spargel
Gebratener grüner Spargel mit Pilzen und Speck 114
Spatel 17
Spinat
Eier Benedikt mit Kassler und Spinat 62
Erdbeer-Spinat-Salat 46
Ranch-Dip mit Tahin 40
Standmixer 15
Suppe, zur Resteverwertung 18
Swerve 9

T

Taco-Bowls mit Fisch, Rezept 92
Taco-Salat, Rezept 52
Tacos, siehe auch Taco-Bowls mit Fisch, Rezept
Taco-Würzmischung, Rezept 138
Taco-Bowls mit Fisch 138
Tahin
Ranch-Dip mit Tahin 40
Weiches Sesam-Shortbread 132
Teigschaber 17
Thunfisch
Thunfischsalat mit Gurken und Dill 54
Thunfischsalat mit Gurken und Dill, Rezept 54
Tiefkühlgemüse, siehe auch bestimmte Gemüsesorten
Tipps und Tricks, zum Zeitsparen 11-14
Tomaten
Eier Benedikt mit Kassler und Spinat 62, 80, 82
Griechischer Salat 50, 100
Mediterraner Flammkuchen 34
Ofen-Omelett mit Hähnchen 72
Pico de gallo 41
Taco-Bowls mit Fisch 82, 92, 104, 139
Taco-Salat 52, 80, 112
Zucchini-Spaghetti mit cremiger Pestosoße 80, 104, 112
Tomatensoße
Barbecue-Soße 145
Gefüllte Paprika à la Sloppy Joe 80, 84
Tomatillos
Salsa verde 139

U

Utensilien 12, 15-17

V

Verwertung von Resten 18-19
Vierkantreibe 15

W

Waffeln, einfrieren 60, 70
Walnüsse
  Erdbeer-Spinat-Salat 46
Weiches Sesam-Shortbread, Rezept 132
Weißkohl
  Kohlsteaks mit Hähnchen 102
  Scharfe Kohl-Wurst-Pfanne 78
  Taco-Bowls mit Fisch 92
Wraps 15, 19
Wurst
  Gemüsepfanne mit Geflügelwurst 82
  Scharfe Kohl-Wurst-Pfanne 78
  Wurstbällchen 66
Wurstbällchen, Rezept 66
Würzmischungen 138, 145

Z

Zitronen
  Barbecue-Soße 145
  Einfache Hollandaise aus dem Mixer 146
  Garnelen-Piccata 98
  Griechisches Feta-Dressing 140
  Gurkensoße 144
  Zitronenmousse 130
  Zitrus-Vinaigrette 141
Zitronenmousse, Rezept 130
Zitrus-Vinaigrette 141
  Salat mit zweierlei Kohl 48
Zucchini
  Gemüsepfanne mit Geflügelwurst 82
  Zucchini-Gratin mit Käse 112
  Zucchini-Spaghetti mit cremiger Pestosoße 104
  Zucchini-Spaghetti mit Hacksoße 80
Zucchini-Gratin mit Käse, Rezept
Zucchini-Spaghetti mit cremiger Pestosoße, Rezept 104
Zucchini-Spaghetti mit Hacksoße, Rezept 80
Zuckerfreie Schokotropfen 10
Zutaten
  Gleiche Zutaten für Vorausplanung 14
  Portionierung 13
  Vorbereitung 13
Zwiebeln
  Blumenkohl-Hähnchen-Salat 56
  Blumenkohlreis mit Frühlingszwiebel und Limette 110
  Erdbeer-Spinat-Salat 46
  Gebratene grüne Bohnen mit Schinken 118
  Gefüllte Paprika à la Sloppy Joe 84
  Gemüsepfanne mit Geflügelwurst 82
  Griechische Hackbällchen 80
  Griechischer Salat 50
  Hacksteak 100
  Mediterraner Flammkuchen 34
  Pico de gallo 41
  Salsa verde 139
  Zucchini-Gratin mit Käse 112
  Zucchini-Spaghetti mit Hacksoße 80

Kyndra Holley ist das Gesicht hinter der Website mit dem Titel *Peace, Love and Low Carb*. Anfänglich ein als Hobby betriebener Blog mit persönlichem Abnehm-Tagebuch, werden die Seiten mittlerweile fast 2 Millionen Mal pro Monat abgerufen. Kyndras Augenmerk liegt auf einfach zuzubereitenden kohlenhydratarmen und glutenfreien Gerichten, die der Seele guttun. Ihre Rezepte und offenen Erlebnisberichte über ihren eigenen Kampf mit den Kilos haben Tausenden Menschen beim Abnehmen geholfen und ihnen ein gesünderes Leben ermöglicht. Auf Englisch sind von ihr bereits die Bücher *Keto Happy Hour, Craveable Keto Cookbook, The Primal Low Carb Kitchen Cookbook* und einige andere selbst verlegte Bücher sowie kohlenhydratarme und glutenfreie Mahlzeitenpläne erschienen.

Kyndras Ziel ist es, den Menschen zu zeigen, dass eine kohlenhydratarme Ernährungsweise alles andere als langweilig ist und keineswegs nur auf Einschränkungen basiert. Wenn sie nicht gerade tolle Rezepte in der Küche zaubert, reist sie häufig mit ihrem Ehemann und Komplizen Jon durch die Welt, stemmt Gewichte, macht Yoga oder spielt mit ihren fünf verrückten Hündchen. Kyndra lebt am Rande von Seattle, Washington, im wunderschönen Nordwesten der Vereinigten Staaten an der Pazifikküste. Weitere Rezepte von ihr finden Sie auf ihrer Website www.peaceloveandlowcarb.com (nur auf Englisch verfügbar).